現代産業選書

知的財産実務シリーズ

AI/IoT特許入門

～AI/IoT発明の発掘と権利化の勘所～

河野特許事務所
所長・弁理士 **河野 英仁** 著

経済産業調査会

はじめに

　MIT Technology Reviewによれば、米国ゴールドマン・サックスはAI（人工知能）を用いた金融取引の自動化を進めており、「2000年には600人いたニューヨーク本社のトレーダは現在たった2人しかいない」とのことである。

　IoT機器を通じたビックデータの収集、ディープラーニングを始めとするAIアルゴリズムの急速な進化、GPUを含めたハードウェア性能の向上によりAI化があらゆる分野で急速に進んでいる。このAI化の流れは画像処理、言語処理、金融データ処理、ロボット制御処理、自動運転処理、医療・医薬品データ分析処理、マーケティングデータ処理等、ありとあらゆる技術領域に及んでおり、今後もこの流れが続くであろう。

　しかしながらAIというものの、どのように技術者から発明を引き出せばよいか、何が特許になるのかよくわからないという意見をよく聞く。これでは本来特許化できる技術が権利化できず、AIに注力する米国・中国競合企業との差が広がるばかりである。

　本書ではAI・IoT技術の最先端を走るGoogle, Amazon, GE等の米国先進企業の特許を通じて、AI・IoT特許のポイントを学び、自社で生まれるAI・IoT関連発明を見逃さず発掘し、どのように特許化すべきか、どのようにしてAI・IoTビジネスを守るかの勘所を徹底解説する。各章の具体的内容は以下の通りである。

　第1章では、なぜ急速にAI技術が普及してきたかの背景を解説

i

する。第2章では、AI nowと称される現在急速に普及・実用化が進んできたディープラーニング、強化学習、及び、深層強化学習の技術概要について解説する。

　第3章ではAI技術をリードする米国、中国の動向について解説し、日本の現状と日本国特許庁が始めた施策について説明する。第4章では、特許訴訟事件を解説し、今までのルールベースに基づく特許の書き方ではAI技術はカバーできないことを理解していただく。

　第5章は本書のメインとなる部分である。Google、ファナック、Amazon、米国ベンチャー企業を含めたAI技術で先行する企業の特許事例を通じてAI特許の勘所をつかんでいただく。ビジネス領域は異なるかもしれないが、読者の皆様が得意とする事業領域でAI関連発明を生み出す際、きっと手掛かりとなるはずである。

　第6章では、IoT＋AIによるビジネスモデルを解説する。米国GE、ドイツイグス社のIoT戦略と、データ取得のためのビジネス戦略を解説する。AIはビッグデータが存在しなければ力を発揮できない。周到に練られたビジネス戦略でビッグデータを取得し、IoTビジネスを実現したこの2社のモデルを参考としていただきたい。

　第7章は特許実務家向けに、競合他社に効くAI/IoT特許請求項の書き方を論じた。新たな技術が生じれば特許の書き方も当然に変わる。特許証をとるために特許を出願するのではない。競合他社に対する参入障壁を築き自社ビジネスを優位に進めるために特許を出願するのである。競合他社に効くAI/IoT特許請求項の書き方を、

判例を交えて徹底解説する。

　第8章はIoT機器と親和性の高いブロックチェーン技術について解説する。自動車、スマホ等も一種のIoT機器である。これらIoT機器に関するデータの信頼性確保、サービスに対する決済が必要になるのであれば本章で解説するブロックチェーン技術が今後必須となる。第9章は総括として、AI/IoT特許提案書を技術者から引き出すコツをまとめた。開発部門から多くのAI/IoT関連発明が生まれることを期待する。

　本書がAI/IoTビジネスに関わる全ての方の参考となれば幸いである。

目　次

はじめに

第1章　AI技術普及の背景 ……………………………… 1
1．AI普及の3つの理由 ……………………………… 3
2．IoTデバイス及びデータ量の増加見込み ……………… 8
3．AIのモジュール化と開発環境の変化 ……………… 9
4．AIの適用分野 ……………………………………… 10

第2章　AI技術の基礎知識 ……………………………13
1．AIの範囲 …………………………………………15
2．ディープラーニング技術……………………………16
3．リカレントニューラルネットワーク…………………24
4．畳み込みニューラルネットワーク …………………27
5．強化学習………………………………………………30
6．深層強化学習…………………………………………42

第3章　各国のAI特許動向 ……………………………45
1．AIに関する論文、起業及び融資状況 ………………47
2．AI特許出願件数 ……………………………………51
3．日本特許庁の施策……………………………………53

第4章　今までの特許の書き方では通用しない…………57
1．freee対マネーフォワードの会計ソフト特許訴訟 …………59
2．AIに対応した特許 …………………………………67

v

第5章　特許事例を通じて学ぶAI特許 ……………………69

1．ファナックのAIロボット特許 …………………………71

2．AmazonのAI特許………………………………………79

3．AI×FinTech特許 ………………………………………92

4．GoogleのAI特許 ………………………………………111

5．マイクロソフトのAI特許 ……………………………135

6．AI発明の分類 …………………………………………139

第6章　IoT＋AIによるビジネスモデル …………………141

1．GE社のIoT・AIビジネスモデル ……………………143

2．独イグスのIoT戦略 ……………………………………153

3．IoTビジネスとAIビジネスとの融合 ………………159

4．出願すべきIoTと出願優先度の低いIoT ……………162

第7章　競合他社に効くAI/IoT特許請求項の書き方 …………171

1．AI/IoT特許記載上の重要項目 ………………………173

2．IoTサービスとシステムクレームの注意点 …………183

第8章　IoTとブロックチェーン技術 ……………………199

1．ブロックチェーン技術……………………………………201

2．ビットコイン………………………………………………207

3．IoT機器とブロックチェーン …………………………211

第9章　AI/IoT特許提案書を技術者から引き出すコツ ………221

1．AIビジネスモデルを競合より早く押さえる ……………223

2．実装段階での周辺特許を押さえる………………………223

3．開発者への啓蒙活動………………………………………224

おわりに……………………………………………………… 227

索　引……………………………………………………… 228

vii

AI技術普及の背景

第1章　AI技術普及の背景

　第1章では1950年代から存在するAIがなぜ急速に普及してきたのか、また今後どのように普及していくのかについて解説する。

1．AI普及の3つの理由

　自動運転、金融取引、メディカル、ロボット、工場における施設監視等ありとあらゆる分野にAI（Artificial Intelligence：人工知能）技術が導入され始めている。AI自体は1950年代から学問の一つとして存在していたが、2016年にGoogle傘下のDeepMind社のAI囲碁ソフト「Alpha Go」がプロ棋士に圧勝したころを境に、急速に各分野での導入が進んだ。この急速な展開には以下の3つの理由がある。

(1)　IoTの普及
　一つには、IoT（Internet of Things:モノのインターネット）により、ビッグデータの収集が容易になってきたことがある。自動車、ロボット、工場設備、家電、医療機器等、今までは孤立していた製品に通信デバイスが取り付けられ、速度、加速度データ、使用回数、電圧・電流等、製品の稼働状況、メンテナンスの必要性等を判断するうえで極めて重要なデータが容易に取得できるようになったことが大きい。

　AIはビッグデータがなければ使い物にならない。現在急速に普及しているAIはビックデータ中に潜む人間がとらえきれない特徴を見出すものである。データが多ければ多いほど精度が向上するのである。

3

⑵　ディープラーニング技術の進化

　ディープラーニングは人間の脳を模したニューラルネットワークの中間層を多層化した技術であり、画像解析を行う上で必須の技術となっている。詳しくは第2章で説明するが、今まではルールベースで人間が適切にプログラミングすることで解析を行っていたが、教師データを数多く与えればコンピュータがパラメータチューニングを行い、完成度の高い学習モデルを生成するのである。

　ニューラルネットワークの理論自体も歴史のあるものであるが、畳み込みニューラルネットワーク、誤差逆伝播法、ReLu関数（Rectified Linear Unit function）等、様々な関連技術が組み合わさり現在のディープラーニングが完成した。

　Google DeepMind社のアルファ碁もディープラーニング、強化学習等複数のAI技術を結集して開発されたものである。DeepMind社の創設者デミス・ハサビス氏は1976年にイギリスロンドンで生まれ子供の頃からチェス、ポーカー、将棋等のゲームのチャンピオンプレーヤとして知られていた。8歳にはチェス大会で優勝し、その際得た賞金でコンピュータを購入しチェス及びオセロのAI技術の開発を始めたといわれている。

　デミス・ハサビス氏はその後大学博士課程にて脳知神経科学を専攻した。この大学での脳科学に関する研究が、脳を模したといわれているニューラルネットワークの開発に生きているのであろう。2010年、デミス・ハサビス氏はDeepMind社[1]を立ち上げAIの開発に取り組んだ。

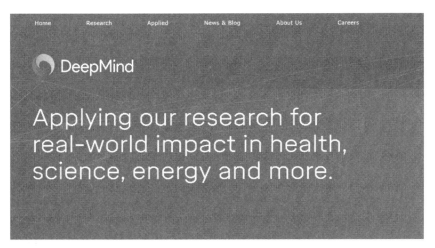

DeepMind社ホームページ

　DeepMind社に目を付けたのがGoogleとFacebookである。デミス・ハサビス氏の能力、DeepMind社により開発されるディープラーニング技術は、Googleの様々なビジネス領域に利用でき、またFacebook社にとってもSNSの発展に欠かせないものである。両社が激しく競り合い、最終的にはGoogleが2014年1月に400億円以上でDeepMind社を買収したのである。

　ディープラーニング技術は、囲碁だけではなく、顔認識、感情認識、機械翻訳、言語処理、医療画像解析、物体認識等幅広い分野で活用されている。もちろんディープラーニングを用いないAIも存在するが、現在のAIのブレークスルーの要因はディープラーニングなのである。

1　DeepMind社HPより2018年2月16日 https://deepmind.com/

⑶ CPU/GPU性能向上

最後にハードウェアの進化があげられる。AIの実装には、汎用コンピュータに用いられるCPU（Central Processing Unit）に加えて、グラフィック処理に用いられるGPU（Graphics Processing Unit）が組み合わされる。アルファ碁には1200ものCPUと、180ものGPUが用いられていたという。

リアルタイムでのディープラーニング処理が必要とされる自動運転車における画像認識処理ではGPUが欠かせない。米国カリフォルニア州のNVIDIA（エヌビディア）社等が自動運転車用のGPUを提供している。

Googleも機械学習用のソフトウェアライブラリであるTensorFlowによる機械学習を効率的に行うためのTPU（Tensor Processing Units）を開発し、提供し始めている。

さらに、量子コンピューティングを用いたAI処理の開発も進んでいる。GoogleはカナダのD-WAVEシステムズが開発した量子コンピュータを2年にわたって運用し、2015年12月米国NASAと共に記者会見を行った。

それによれば「D-WAVEの量子コンピュータは、従来のコンピュータよりも1億倍高速である」とのことである。

量子コンピュータは、通常のコンピュータが表現する「0」と「1」に関し、量子力学の特徴を生かし「0」と「1」を重ね合わせた状態をとる量子ビットを用いるコンピュータである。つまりこ

のコンピュータは、「0であり、かつ、1である状態」をとるのである。D-WAVEが開発した量子コンピュータは、超伝導回路を有しており、金属の一種であるニブオを用いて作成したリングを超電導状態とし、当該リングを流れる電流の向きにより量子ビットを表すものである。

D-WAVEの量子コンピュータ[2]は約15億円とも言われているが、機械学習の分野への適用も検討されており、Google, NASAの他、ロッキードマーティン、南カリフォルニア大学、ロスアラモス国立研究所等が導入し、各種実験を行っている。

今後もIoTデバイスの増加、機械学習アルゴリズムの進化、及び、ハードウェアの進化に伴いAI技術もさらに進化を遂げるであろう。

2　D-WAVE HPより2018年2月22日　https://www.dwavesys.com/d-wave-two-system

２．IoTデバイス及びデータ量の増加見込み

　総務省情報通信白書「IoT時代におけるICT産業動向分析（2016年度）」によれば、下記グラフに示す通り、現在200億個であるIoTデバイスは1.5倍の300億個にまで増加し、データ流通量は現在約110エクサバイトであるが、2019年には約1.5倍の約170でエクサバイトにまで増加すると予想されている。

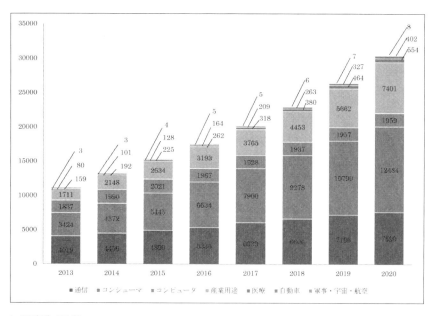

IoTデバイス数

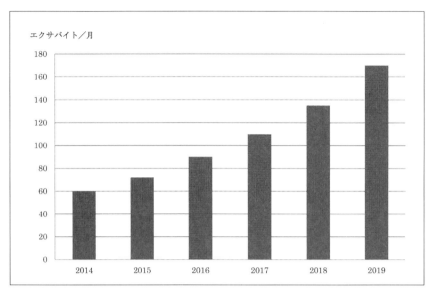

データ流通量

　IoT及び自動車分野でシェアを伸ばすARMを買収したソフトバンクの戦略からもわかるように、今後もこの傾向は続くことから、AI技術は今後いっそう重要になってくるであろう。

3．AIのモジュール化と開発環境の変化

　第2章で紹介するが、マイクロソフト等の米国大手IT企業は、画像認識、感情認識、言語処理等を行うAIエンジンをモジュール化し、顧客企業に提供している。例えば、IT企業以外の一般企業が、テーマパークの来場者数・属性・感情等を調べるべくAI開発を行うとすると莫大な費用、人材、期間を要することとなる。マイクロソフトではこのようなニーズにこたえるべく、既に開発されたAIエンジンを販売している。

開発済みAIエンジンを利用すれば若干のカスタマイズを行うだけで、短期で安価にテーマパーク入場者の統計を得ることができる。例えば、アトラクション出口に監視カメラを取り付け、入場者数、入場者の属性（性別、年代など）、出口での感情を、AIを通じて収集することができる。テーマパーク運営企業は、来場者の属性、出口での感情（楽しそうだったのか、がっかりだったのか）を解析して、集客向上に努めればよいのである。

　このようにAIモジュールの利用が一般的になってきたことに加えて、ディープラーニング開発用のフレームワークも普及してきたことが大きい。GoogleはTensorFlowと称する機械学習用のオープンソースソフトウェアライブラリを提供しており、C言語、C++、Python等によりプログラミングすることができる。勾配計算の自動化、GPUへの対応、ニューラルネットワークの構造を柔軟に変更できる等、非常に使い勝手が良いものとなっている。その他日本のプリファード・ネットワークスによるChainer、Caffe、Torch等のフレームワークが利用されている。

４．AIの適用分野

　AIの適用分野は非常に広い。画像処理、音声認識、ロボット制御、自動運転、メディカル、FinTech、e-コマース分野などビッグデータが存在するところにAIが適用される。

　特許に関しても以前はAI/IoTはIT企業を中心に出願されていたが、現在はそうではない。化学、医療機器、材料、金融、機械、自動車等ありとあらゆる事業領域においてAI/IoT関連特許出願に関

第 1 章　AI技術普及の背景

する意識が高まっている。本書の次章以降ではこれからAI/IoT関連特許の権利化に取り組もうとする知的財産部担当者、及び、開発担当者向けにAI技術のポイントとAI/IoT特許権利化の勘所を説明する。

第 2 章

▼

AI技術の基礎知識

第2章　AI技術の基礎知識

　本章ではAI特許を構築するうえで最低限知っておきたいAI技術の基礎知識について解説する。詳細な理論、技術及びプログラミングは専門書にゆだねるが、AI特許アイデアの発掘、特許の記載要件（AI特許請求項の記載が明確か否か、当業者が実施できる程度に記載されているかが特許を取得するための要件とされる（特許法第36条第6項））を満たすか否かを判断する際には、ある程度最新のAI技術知識が必要である。本章ではAI技術のうち、AI nowと称される近年急速に開発が進んだディープラーニング、強化学習及び深層強化学習を中心に説明する。

1．AIの範囲

　AIの定義自体は非常には曖昧であり、技術の進化と共にその範囲も広がっている。下記図はAIの範囲を示すイメージ図である。

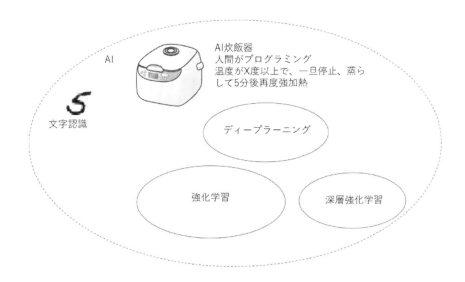

AIにはいわゆるルールベースのAIも含まれる。90年代にはAI炊飯器と呼ばれる製品が販売されていた。これは人間がお米をおいしく炊けるようにプログラミングするものである。

例えば、

加熱後温度がX度以上となった場合、いったん加熱を停止し、

5分間蒸らし、

その後再度加熱する

をプログラミングし、炊飯器内のマイコンに当該処理を実行させるのである。このようにプログラマーが決めたルールに従い動作するものも一種のAIである。その他、複数のデータを分類するクラスタリング、サポートベクターマシン等のAIも存在するが、2015年頃を境に注目され始めたAI技術が、ディープラーニング、強化学習、またディープラーニングと強化学習とを組み合わせた深層強化学習である。

以下、これら新たなAI技術の詳細について解説する。

2．ディープラーニング技術

(1)　ニューラルネットワークとは

数字の自動認識は郵便番号の認識処理分野等において長らく開発が進められていた。次に示す数字[3]は何であろうか。おそらくほとんどの方が「5」と答えるであろう。

3　MNIST databaseより2017年10月22日　http://yann.lecun.com/exdb/mnist/

第 2 章　AI技術の基礎知識

　これを「5」と認識させるためにはどのようにプログラムすればよいであろうか。下半分が半円形状であり、かつ、上側で横方向に延びる直線があれば「5」とするプログラムが作成できそうである。

　では、以下の文字群はどうであろうか。

　いくつかは「3」や「1」と紛らわしい字がある。これらすべての文字を高い精度で認識することができるプログラムを作成するのは事実上不可能である。そこで考え出されたのがディープラーニング技術である。

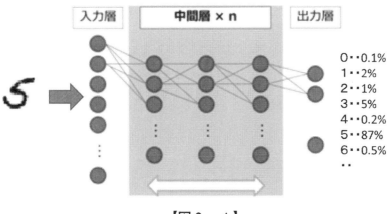

【図2－1】

17

ディープラーニングは、ニューラルネットワークを用いた機械学習の総称であり、上図[4]に示すように、入力層と、複数の中間層と、出力層とにより構成される。特に画像処理の分野では中間層を多層化することにより高度な画像認識を可能としている。

　このニューラルネットワークに入力画像は「5」であるとの教師データを多数与え、中間層のパラメータをチューニングするのである。例えば「5」の画像データが縦30ピクセル、横30ピクセルの場合、全部で900の入力データが存在する。このデータを入力層に入力する。

　中間層で演算が実行され、出力層にて入力された数字が何であるかの確率が出力される。図2-1の例では、「0」の確率は0.1％、「1」の確率は2％、そして「5」の確率は87％と出力される。AIは完全な答えを出力するものではない。もっともらしいのが何かを出力することが得意な知能なのである。

　教師データによって答えは「5」と既知である。現在は87％と誤差は13％もあるが、正解率が100％に極力近づくよう、すなわち誤差が小さくなるよう中間層のパラメータを調整すれば良いことがわかる。具体的な計算方法の解説は省略するが、誤差逆伝播（Back Propagation）と称する手法を用いてパラメータの調整を行う。

(2)　発火するニューロン
　続いてニューラルネットワークを構成する一つのニューロンにつ

4　Markezine HPより2017年10月22日　https://markezine.jp/article/detail/24185

いて着目する。

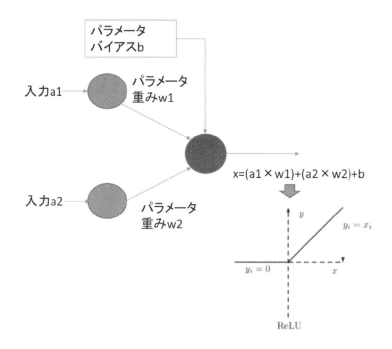

　上図[5]において上側の入力がa1、下側の入力がa2であるとする。上側の入力に対して、ニューロンのパラメータとしての重みがw1、下側の入力に対しては重みがw2であるとする。またパラメータの一つであるバイアスがbであるものとする。

　そうすると、ニューロンの出力xは行列計算により
　x = (a1×w1) + (a2×w2) + b
　で表すことができる。

5　QiitaHPより2017年11月25日　https://qiita.com/miyamotok0105/items/3435930cc04650bce54d

各ニューロンには、伝達関数が設定されており、ある一定値以上の場合、ニューロンが発火し対応する値を出力し、一定値以下の場合、発火せず０を出力する。上図に示す伝達関数はReLu関数（Rectified Linear Unit function）である。ｘが正の値である場合、発火し対応するｙの値を出力し、次のニューロンにｙの値を入力する。一方ｘが負の値である場合、ニューロンは発火せずｙは０となる。

　人間の神経回路も非常に多くの神経細胞（ニューロン）が互いに接続しあっており、ディープラーニングにおいてもこの人工のニューロンを相互に接続することで人間の脳を模しているのである。

　なお、伝達関数にはReLu関数以外にステップ関数またはシグモナイド関数等が存在するが、近年は誤差逆伝播を適切に行うことが可能なReLu関数が用いられることが多い。

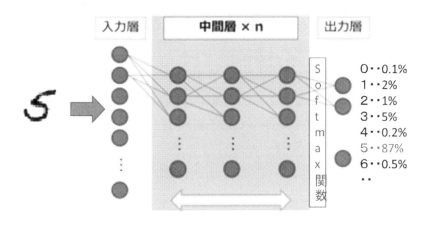

【図２－２】

分類処理を行う場合、出力層にはソフトマックス関数が用いられることが多い。ソフトマックス関数は、分類対象毎にそれが正解である確率を出力する関数である。数字認識の例では「０」の確率、「５」の確率が図２－２のように出力される。この例では正解である「５」の確率が87％であり、誤差が13％残っている。この最終段の誤差を前段の各ニューロンに分配し、各ニューロンのパラメータw（重み）、b（バイアス）を誤差逆伝播により求める。

　教師データが多ければ多いほど、パラメータのチューニングが進みより精度の高い学習モデルが完成することとなる。

　この学習モデルが完成すれば、コンピュータに学習モデルを記憶しておき、読み取った手書き数字を入力すれば、当該手書き数字が何であるかを示す確率が数字毎に出力されるのである。

⑶　AI基盤技術の提供サービス

　マイクロソフト等の米国IT企業からディープラーニングを含むAI基盤技術の提供サービスが行われている。下記はマイクロソフト社のCognitive Service[6]のHPである。

6　Microsoft Azure HPより2018年１月13日　https://azure.microsoft.com/ja-jp/services/cognitive-services/face/

視覚、音声、言語、知識及び検索に関する認識サービスが提供されている。上図では視覚サービスのうち、顔の検出を行うFace API、感情を認識するEmotion APIなどが表示されている。Emotion APIでは写真データを入力した場合、顔部分の認識が行われ、その人物の感情推定がAIにより行われる。

【図2－3】

第 2 章　AI技術の基礎知識

　例えば図2−3[7]に示す女性の画像データを入力した場合、Emotion APIにより推定結果が出力される。anger（怒り）が0.037、contempt（軽蔑）が0.001、disgust（嫌悪）が0.015、fear（恐怖）が0.001、happiness（うれしい）が0.939・・・と表示される。AIは最も確からしいのはhappinessと結果を出力している。

　第4章で説明するがAmazonもAIの学習モデルの作成を支援するツールの提供を行っている[8]。Amazonはウェブサービスawsを通じて機械学習における学習モデルをビジュアルに、また容易に開発することができるツールを提供している。なお、このツールについてはAmazonが多数の特許を出願している。

7　Microsoft Azure HPより2018年1月13日　https://azure.microsoft.com/ja-jp/services/cognitive-services/face/
8　Amazon機械学習サービスHPより2018年2月18日https://aws.amazon.com/jp/machine-learning/?sc_channel=PS&sc_campaign=acquisition_JP&sc_publisher=google&sc_medium=machine_learning_b&sc_content=machine_learning_bmm&sc_detail=%　2Bmachinelearning&sc_category=machine_learning&sc_segment=173323550579&sc_matchtype=b&sc_country=JP&sc_brand=brand&ef_id=VXDNuQAABYpODTEK:20180218023105:s

3．リカレントニューラルネットワーク

　画像に対する認識処理については上述したニューラルネットワークが用いられるが、言語データ、加速度データ等の時間的に変化する時系列データに対してはリカレントニューラルネットワーク（再帰的ニューラルネットワーク　RNN：Recurrent Neural Networks）が用いられる。

⑴　過去の中間層の利用

　チャットボットなどの言語処理においてはRNNが用いられる。例えば「猫が飛ぶ姿を私が見た」は「猫が　飛ぶ　姿を　私が　見た」と時系列で入力される。時系列で順序の異なる「私が飛ぶ姿を猫が見た」とは意味合いが異なってしまうのである。

　RNNでは、図２−４[9]に示すように、時刻 t における中間層h（t）に過去の中間層h（t-1）の値を入力する。またこの過去の中間層h（t-1）には、同じく過去の中間層h（t-2）が入力される。これにより過去の中間層h（t-1）には再帰的に過去の状態が反映されることとなる。

9　巣籠悠輔著「詳解ディープラーニングTensorFlow・Kerasによる時系列処理」第５章
　　参照　マイナビ出版

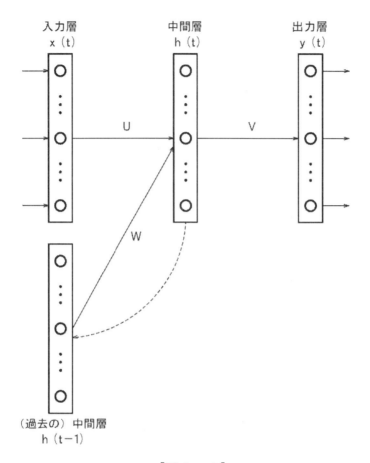

【図2−4】

(2) LSTN

　RNNでは過去の中間層を取り入れることにより時系列データを処理できるものの学習を行う際に時間を深くさかのぼれば勾配が喪失してしまうという問題があった。この問題を解決すべくRNNでは、中間層にLSTN（Long Short-Term Memory）ブロックが導入されている。

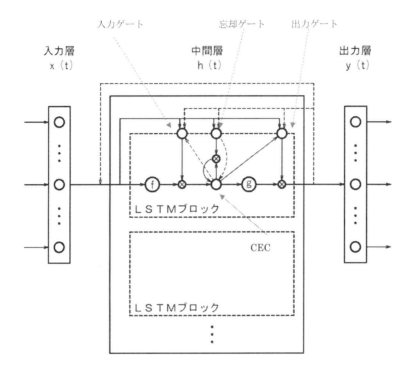

　LSTNの下段の活性化関数fとgとの間にはCEC（Constant Error Carousel）が設けられる。CECは受け取った値をそのまま過去の値として保持し、次の時間に伝える役割を果たす。これにより逆伝播時の勾配喪失問題を解消することができる。

　また上段には、入力ゲートと出力ゲートとが設けられている。入力ゲート及び出力ゲートは過去の情報が必要となった時点にゲートを開き信号を伝播し、それ以外はゲートを閉じ過去の情報を保持する役割を果たす。

　入力ゲートと出力ゲートとの間にはCECに接続される忘却ゲー

トが設けられる。忘却ゲートは適宜のタイミングでCECに記憶された値を忘却させる機能（書き換え機能）を有する。なお、実装に際してはTensorFlowに用意されたLSTNライブラリを用いる。

4．畳み込みニューラルネットワーク

　ディープラーニングには、前処理として畳み込みニューラルネットワーク（CNN：Convolutional Neural Network）が利用されている。人間が視覚を通じて状況を認識する際、ある対象について注視するのではなく、まずは全体をぼやっと認識し、様々な対象物を認識している。

　畳み込みニューラルネットワークは、図2－5に示すように畳み込み層とプーリング層とを用いて取り込んだ画像の大まかな特性を抽出し、データ量を低減したうえで、ニューラルネットワークにデータを入力するのである[10]。1ピクセルごとに細かく認識して学習モデルを形成したとしても、少し対象物がずれた場合、または、対象物を傾けて撮影した場合、認識結果が変わってしまうことになる。これに対し、畳み込みニューラルネットワークでは認識対象の特性を大まかにとらえるため多少のずれには強いということになる。

10　参考：小高知宏著「強化学習と深層学習」第2章オーム社

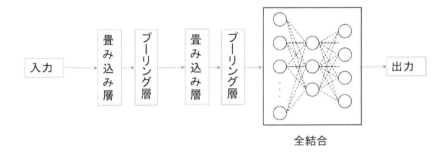

【図2-5】

　畳み込み層とは画像の特徴を抽出する局所フィルタを移動させながら入力画像に適用する層であり、プーリング層とは入力画像を圧縮する層である。通常、畳み込み層とプーリング層とがセットで複数段階設けられる。以下それぞれ説明する。

(1) **畳み込み層**
　畳み込み層は例えば8×8の画像に対し、それよりも小さい3×3のフィルタをかける。このフィルタは図2-6に示すように例えば縦方向の特徴を抽出するフィルタが用いられる。図に示すフィルタは縦方向の特徴を抽出するものである。横方向の特徴を抽出するのであれば中央行に1,1,1が連続するフィルタを用いる。このほか、状況に応じて様々なフィルタが用いられる。3×3の行列演算が行われ、当該3×3領域の特性値が一つ求まることとなる。

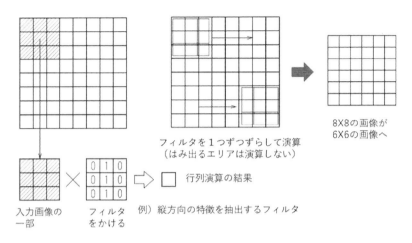

【図2－6】

このフィルタを1ピクセルごとずらしながら演算を繰り返し行う。そうすると8×8の画像が6×6の画像に変換される。フィルタをずらす際にはフィルタが画像からはみ出ないように移動させる。意図的にはみ出させて演算する場合もあるが、その場合、はみ出した個所の画像データは0としておくことが多い。

(2) プーリング層

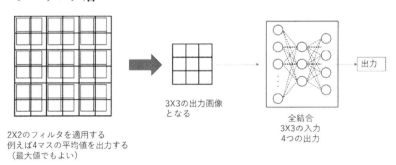

【図2－7】

畳み込み層のデータはプーリング層に入力される。プーリング層では例えば２×２のフィルタを適用する。図２－７の例では、６×６の画像データに２×２のフィルタを９つ適用している。このフィルタは４マスの平均値を出力するものである。そうすると、最終的に３×３の出力画像を得ることができる。このフィルタは平均値を出力するほか、中間値、または最大値を出力するものであってもよい。

　当初の８×８の入力は、畳み込み層及びプーリング層を経ることにより、特徴をとらえた上で３×３まで低減されニューラルネットワークに入力される。そして上図の例では最終的に出力層から４つの値が出力される。

　畳み込みニューラルネットワークは画像データにだけ適用されるものではない。アルファ碁は、碁盤の目及び白黒の石を画像としてとらえ、畳み込みニューラルネットワークに入力している。また時系列で得られる音声データ、電圧データも画像としてとらえ、畳み込みニューラルネットワークに入力することができる。

５．強化学習

　上述したディープラーニングは主に教師データ、つまり正解がわかっている場合に有効となる機械学習である。しかしながら、ロボット制御、囲碁等の分野においては正解がわからない場合がある。このように正解を探索する必要がある場合に利用されるのが強化学習である。

人生においても人間は常に強化学習に近いことを行っている。人生においてはあらゆる時点においてある状態の下、複数の選択肢の中から適切な行動をとって生活している。複数の行動選択肢の中から、実際に採用する行動を選ぶ際には、最も結果が良くなるよう選んでいるはずである。時には失敗もするが、その場合、次回同様の状態で、同じ失敗を犯さないよう他の行動を選択するであろう。

無人島に漂流した際の人間の行動が例[11]としてよく上げられる。

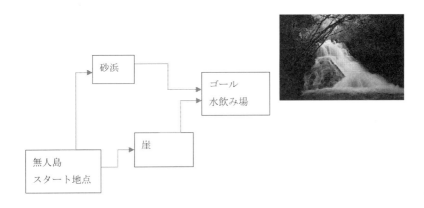

無人島に漂流した場合を想定されたい。遠くには水飲み場があり、この水飲み場に行くには2つのルートがある。一つは距離的には近いが崖があり、この崖を飛び越えなければ水飲み場にたどり着けない。他方のルートは砂浜であるが距離が長く、かといってのどが渇いても海水は飲めないという状況である。どちらを選ぶのが良いであろうか。

11　牧野 貴樹等「これからの強化学習」森北出版

崖ルートは、距離は短いが、崖から落ちて大けがしてしまうかもしれない。崖から落ちれば水、すなわち報酬を得ることはできず、報酬はゼロ、むしろマイナスとなる。砂浜であれば確実ではあるが時間がかかる。ジャンプ力に自信があれば崖を選ぶであろう。この状態で「崖行き」を行動として選択する。

　ここで、足元にスニーカーとサンダルとがあればどちらを行動として選ぶであろうか。当然崖を飛び越える可能性の高い（すなわち報酬が得られやすい）スニーカーを履くであろう。このようにある状態で何らかの行動を最大報酬が得られるようコンピュータに学習させれば良いということが理解できる。

(1) **強化学習の基礎**

　強化学習は、エージェントがある環境における状態 s でどのような行動 a をとれば行動価値関数（報酬）が最も大きくなるかを学習させるものである。Googleの米国特許第9679258号ではアタリ社のインベーダーゲーム、及び、ブロック崩し等のゲーム内のプレーヤをエージェントとし、適切なパラメータを求める強化学習装置及び方法が開示されている。

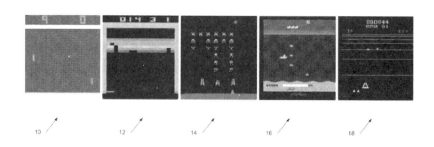

コンピュータはゲームのルールを特に学ぶのではなく、図2－8、図2－9のWu氏の論文[12]に示すようにゲームの画面を状態sとして取り込む。エージェントは特定の画面状態においてコントローラのボタンを行動aとして選択することができる。

ある状態sで取った行動aにより、報酬r（スコア）が付与される。このスコアは行動価値関数Q（s, a）と表現でき、エージェントは、この行動価値関数Q（s, a）が最も大きくなるよう方策πを改善していくこととなる。

【図2－8】

ブロック崩しゲームでは、上から落ちてくるボールを下に落とす

---

12 「Human-level control through deepreinforcement learning」Bowen Xu　2017年10月22日　http://www.teach.cs.toronto.edu/~csc2542h/fall/material/csc2542f16_dqn.pdf

ことなくバーを操作して跳ね返し、上側に存在するブロックを崩していくものである。最初は、ボールを下側に落としてしまい、報酬はゼロまたはマイナスとなってしまう。エージェントは報酬が大きくなるようコントローラを操作し、そのうち球を跳ね返すと、ブロックが崩れ、報酬が付与されるようになる。

そうするとエージェントはボールを跳ね返せばよいことを学習する。そのうち、ボールをブロックの上側の空間に送り込めば大量の報酬を得ることができることを学習することができる。強化学習が進めば、人間を卓越したスコアをたたき出すようになる。

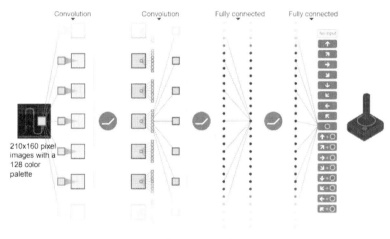

【図2－9】

ゲーム画像は上述した畳み込み処理により特徴が抽出され、その後ニューラルネットワークに入力される。出力層では行動aとしてコントローラの各コマンド（上下左右、ボタンの操作）が出力される。

(2) Q学習

　以下では、強化学習のうち一般的によく用いられているQ学習について説明する[13]。

(i) 行動価値関数

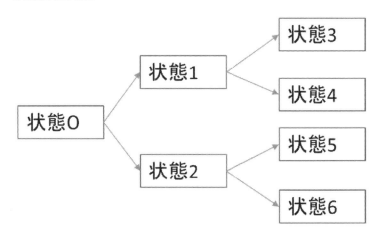

　状態0からは状態1または状態2へ行動をとることができ、状態1からは、状態3または状態4への行動をとることができ、状態2からは、状態5または状態6へ行動をととることができる。ここで、状態3〜状態6のいずれかがゴールであり、その答えはエージェントにはわからないものとする。つまり、教師あり学習は使えない。

　ここで、状態6がゴールであるとする。エージェントが試行錯誤を繰り返しているうちに、状態6にたどり着いた場合、環境から報

13　参考：小高知宏著「強化学習と深層学習」第2章オーム社

酬を付与する。その他の場合は、報酬ゼロとする。

この場合、行動価値関数Q値は、Q（状態s, 行動a）で定義することができる。

Q値　Q（状態s, 行動a）で定義

状態0の行動価値関数は、以下の通り表現することができる。
Q（状態0, 上）
Q（状態0, 下）

同様に状態2の行動価値関数Q値は、以下の通り表現することができる。
Q（状態2, 上）
Q（状態2, 下）

ここで、偶然状態2から状態6へ向かい、ゴールしたとする。この場合、行動価値関数Q値に報酬を付与する。付与後の行動価値関数Q値は以下の通り表現できる。
Q（状態2, 下）←Q（状態2, 下）$+ \alpha r$

ここで、αは学習係数であり、rは報酬である。学習係数は0〜1の値が設定される。

強化学習では報酬が大きくなるよう学習するため、状態2では、Q（状態2, 下）＞Q（状態2, 上）となり下（状態6側）に進むようになる。

同様に状態0に注目すると、状態0における行動価値関数Q値は、状態1に進むよりも、報酬の多い状態2側に進む方が良いということが分かる。エージェントは行動価値関数Q（状態0，下）を増加させる。つまり、強化学習では、ある状態の最良の行動価値関数Q値が、それに至る一つ前の状態における行動価値関数Q値に伝播していくのである。

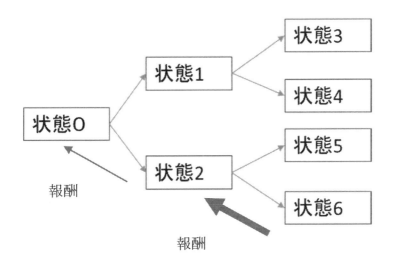

そうすると行動価値関数は以下の式で表すことができる。
Q（s, a）←Q（s, a）+α（r + γ maxQ（Snext, anext）− Q（s, a））
s ：状態
a ：状態sで選択した行動
α：学習係数（0.1等）
r ：行動の結果得られた報酬
γ：割引率（0.9等）
γ maxQ（Snext, anext）；次の状態で取りうる行動に対するQ値の最大値

γは割引率であり、学習係数と同じく0～1の値が設定される。

上記式は報酬がある場合と、報酬がない場合とで以下のように表現できる。

報酬がある場合のQ値
Q (s, a)←Q (s, a)+α (r －Q (s, a))・・・・(式1)

報酬がない場合のQ値（報酬rが0となる。）
Q (s, a)←Q (s, a)+α (γ maxQ (Snext, anext)－Q (s, a))
・・・(式2)

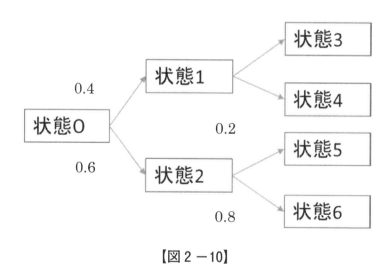

【図2－10】

強化学習を開始する場合、最初は各Q値にランダムな値を付与し、学習を開始させる。図2－10の例では状態0の上側に0.4,状態0の下側に0.6を設定している。学習が進んでいくと、状態0で下

側、状態２で下側のＱ値が増加していくこととなる。

　ここで、最初にランダムで設定する値が妥当でない場合、学習が進まないことがある。例えば、図２－10の例とは逆に状態０において上側が0.6、下側が0.4となった場合、エージェントは学習の際Ｑ値が大きな上側に向かうこととなり、下側への探索が進まないということになってしまう。

　この問題は多腕バンディット問題といわれている。

(ⅱ)　多腕バンディット問題

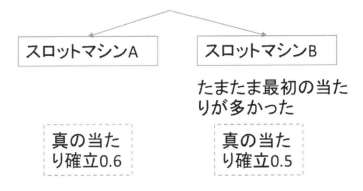

　One armed banditはスロットマシンを意味し、複数のスロットマシンからより当たり確率の大きいスロットマシンがどちらかを検討する。ここで、スロットマシンＡの真の当たり確立は0.6、スロットマシンＢの真の当たり確立を0.5とし、この値は分からないものとする。

　何度も抽選を繰り返せば、スロットマシンＡの当たり確立が高い

ことがわかり、スロットマシンAを選ぶこととなる。しかし、抽選の数が大きくなれば費やすコストも大きくなってしまう。

そこで、最初の数回（例えば5回程度）抽選を行い、その際当たり確立が大きい方を選ぶとする。この際、たまたまスロットマシンBに連続して当たりが発生し、スロットマシンAよりも良いスコアを得たとする。この場合、エージェントはスロットマシンBを選択し、誤認したままゲームを続行することとなる。これは教師データの存在しない強化学習特有の問題である。

(iii)　ε-greedy法

多腕バンディット問題を解消する方法としてε-greedy法がある。ε-greedy法は、ある確率εでランダムに行動し、それ以外の場合はQ値の大小に基づいて判断するアルゴリズムである。

上述のスロットマシンの例では、スコアの高いスロットマシンBを選択するが、確率εでスロットマシンAを試すのである。例えばεが0.1、1 - ε＝0.9の場合、90％の確率でスコアの高いスロットマシンBを選択するが、10％の確率でスロットマシンAをも選択し、学習を行うのである。そうするといつかスロットマシンAのQ値が高くなり、スロットマシンBを選択し続けるという誤認を解消することができる。

(iv)　迷路を解く強化学習

より具体的な例として迷路を解く強化学習[14]を紹介する。

14　大槻 知史著「最強囲碁AI　アルファ碁　解体新書　深層学習、モンテカルロ木探索、強化学習から見たその仕組み」翔泳社

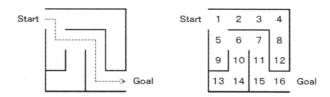

　迷路における状態sは、全てのマスに番号を付した場合、状態1、状態2、状態3・・・状態15、状態16と設定することができる。また行動 a は上、下、右、左となる。そうすると状態6における状態価値関数は、Q（状態6，上）、Q（状態6，右）、Q（状態6，下）、Q（状態6，左）を取り得る。このQ値は、学習が進むにつれて報酬の多い7に向かうQ（状態6，右）が徐々に大きくなっていくことが想定される。

　状態16においては、Q（状態16，右）でゴールすることにより、大きな報酬を得ることができる。この報酬は状態15、状態11へと逆に伝搬していくことになる。

　図2－11は行動価値関数の学習がある程度進んだ状態を示している。

状態	行動			
(位置)	↑	→	↓	←
1	6.8	2.9	33.3	6.6
2	0.7	0.1	0.6	8.1
3	0.0	0.0	0.1	0.4
4	0.0	0.0	0.0	0.1
5	10.0	41.1	4.0	12.0
6	21.7	50.5	2.7	7.6
7	14.7	16.3	61.1	12.8
8	0.0	0.0	0.0	0.0
9	12.8	0.6	1.0	0.9
10	10.7	0.4	0.1	0.7
11	17.8	26.4	72.7	14.9
12	0.0	0.0	0.0	0.0
13	0.0	0.0	0.0	0.0
14	0.3	0.0	0.0	0.0
15	30.1	85.5	27.0	31.5
16	21.8	100.0	30.5	13.1

【図2－11】

　エージェントはQ値が最大となる行動を選択することで最適なルートを決定することができる。

6．深層強化学習

　強化学習に深層学習（ディープラーニング）を融合する深層強化学習（DQN：Deep Q-Learning）が注目されている。実際の強化学習では状態数、行動数の組み合わせが非常に多く、Q値の表現に膨大な記憶容量が必要となり、学習自体が困難となる。

そこで、Q値の獲得にディープラーニング技術を用いた深層強化学習が注目されている。具体的には下図に示すように、ある状態sでの行動aをニューラルネットワークに入力し、行動価値関数Q値を出力させる。

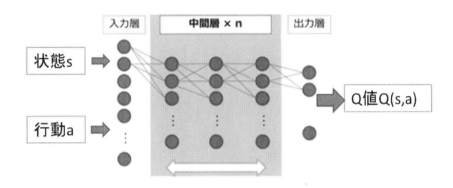

状態 s における行動 a を入力データとし、上述した下記式(1)及び式(2)により求まるQ値を出力データとする教師データを与えることで、ニューラルネットワークの学習が進むことになる。

報酬がある場合のQ値
$Q(s,a) \leftarrow Q(s,a) + \alpha (r - Q(s,a))$ ・・・・(式1)
報酬がない場合のQ値
$Q(s,a) \leftarrow Q(s,a) + \alpha (\gamma \max Q(S_{next}, a_{next}) - Q(s,a))$
・・・(式2)

上述した状態1〜状態6の選択に関し、深層強化学習を用いれば以下のニューラルネットワークを構成することができる

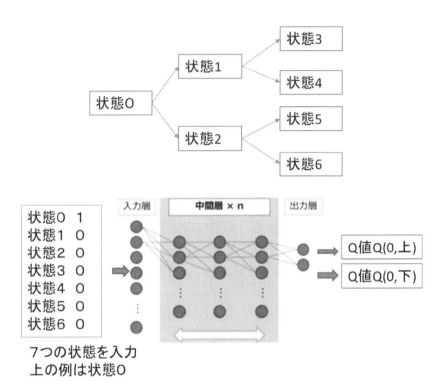

　入力層には状態0〜状態6の7つを設け、行動毎のQ値を出力する出力層を設ける。状態0の場合、上図に記載したように状態0の入力に1を、その他の状態1〜6には0を入力する。そうすると学習済みニューラルネットワークを経由して、出力層から行動 a をとった際のQ値Q（0，上）とQ値Q（0，下）が出力される。

　その他にも様々なAI技術は存在するが、技術的な内容はこの程度にとどめ、AI特許に話を進める。

第3章

各国のAI特許動向

第3章　各国のAI特許動向

　日本でも急速にAI技術が普及してきたが、米国及び中国と比較すれば残念ながら後れを取っているといわざるを得ない。本章では各国の動向及び日本国特許庁の施策について説明する。

1．AIに関する論文、起業及び融資状況

　図3－1は、人工知能研究の論文で引用が多い大学、企業及び研究機関別の順位を示すものである[15]。米国ではマイクロソフトおよびGoogleの企業論文数が際立って多い。一方中国では国の研究機関である中国科学院の他、清華大学の論文数も多い。世界各国でAIに関する研究が活発に行われていることがうかがえる。

　残念ながら日本では東京大学が64位にすぎず、企業でもNTTが269位と後れを取っているのが現実である。

15　日本経済新聞社調べ2017年11月3日

47

人工知能研究の論文で引用が多い機関別順位

	機関	国	被引用件数
1	マイクロソフト	米国	6,528
2	南洋工科大学	シンガポール	6,015
3	中国科学院	中国	4,999
4	フランス国立科学研究センター	フランス	4,492
5	カーネギーメロン大学	米国	4,389
6	トロント大学	カナダ	4,315
7	マサチューセッツ工科大学	米国	4,283
8	グーグル	米国	4,113
9	清華大学	中国	3,851
10	ニューヨーク大学	米国	3,506
:			
18	インペリアルカレッジロンドン	英国	2,765
22	チューリヒ工科大学	スイス	2,503
30	シドニー工科大学	オーストラリア	2,148
33	イスラムアザド大学	イラン	1,950
:			
45	ミュンヘン工科大学	ドイツ	1,693
48	グラナダ大学	スペイン	1,610
49	ルーヴェン・カトリック大学	ベルギー	1,579
58	イタリア学術会議	イタリア	1,485
61	マラヤ大学	マレーシア	1,416
64	東京大学	日本	1,393
:			
215	シーメンス	ドイツ	607
262	東京工業大学	日本	520
269	ＮＴＴ	日本	508
301	京都大学	日本	468
359	国立情報学研究所	日本	406
443	大阪大学	日本	324
570	東京農工大学	日本	250
577	筑波大学	日本	247

【図3-1】

AI技術を武器に新たに起業する企業も急増している[16]。

16　WUZHEN INSTITUTE調べ

第3章　各国のAI特許動向

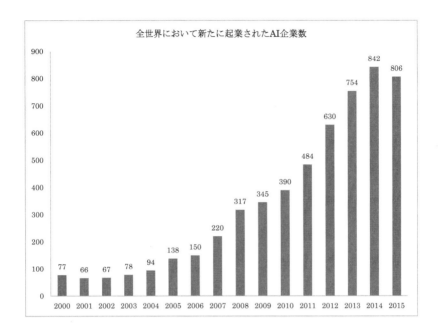

　上の統計に示すように2010年以降急激にAI企業数が増加している。図3-2に示す統計は都市別の企業数である。

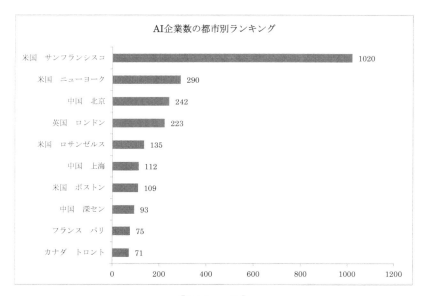

【図3-2】

　シリコンバレーがあるサンフランシスコが圧倒的に多い。次いでニューヨーク、北京、ロンドンとなっている。日本でもプリファードネットワークス等の気鋭のAI企業が存在するが、他国と比較すればその数は少ないといえる。

第3章 各国のAI特許動向

ランク	企業名	国名	融資額
1	Genesys	米国	US$ 900M
2	Zoox	米国	US$ 240M
3	炭雲智能	中国	US$ 199.87M
4	Auris Surgical Robotics	米国	US$ 183.93M
5	Cylance	米国	US$ 177M
6	Sentient Technologies	米国	US$ 133.5M
7	Hansen Medical	米国	US$ 104.47M
8	Knewton	米国	US$ 103.25M
9	Interactions Corporation	米国	US$ 96M
10	Ayasdi	米国	US$ 95.78M

　融資ランキングで見ても、米国における融資額が突出して多い。中国の炭雲智能（中文：碳云智能）は健康管理、診断、美容、免疫に関するAIサービスを提供している。2015年に深センで設立され、約200万ドルの融資を受けている。

　このように論文数、企業数及び融資額いずれをとっても米国がリードし、中国がこれに続いている状況であることがわかる。

2．AI特許出願件数

　図3－3に示すグラフは米国、中国及び日本のAIに関する特許出願件数の変化を示すグラフである。2005年頃までは米国、中国、

51

日本の間でそれほど大きな差はなかったが、ディープラーニング等が注目され始めた2014年ころから急激に米国と中国とのAI特許出願件数が増加していることがわかる。

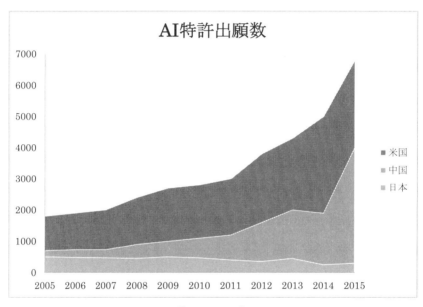

【図3-3】

この日本の低迷は第4次産業革命、あるいは、インダストリアル4.0といわれ世界各国でIoT/AIビジネスの機運が高まっている中で危惧されるところである。

よく特許のオープン・クローズ戦略による技術の流出防止、特許出願の質の向上・出願の厳選といった知財戦略を掲げられるが、AI技術に関しては、米国及び中国のAI技術競争を見れば、日本から流出する技術などほとんどなく、厳選するほど出願アイデアもな

いという危機的な状況なのである。日本は技術力が高いという過去の過信は捨て、AI技術に関しては日本が挑戦者という気持ちで取り組まなければならない。

3．日本特許庁の施策

⑴　審査基準の改訂

　第4次産業革命を受け特許庁も適切にIoT及びAI発明を保護すべく2017年3月「IoT関連技術の審査基準」を公表した。審査基準の詳細な説明は特許庁HPに掲載されているため、詳細な説明は省略するがIoT/AI関連発明の保護適格性、新規性および進歩性の判断基準について具体例と共に紹介されている。

　とりわけ注目すべきは、下記の請求項(以下、クレームともいう)の形態であってもプログラムクレームとして保護することを明らかにしたことである。このような取り組みは世界発であり評価に値する。

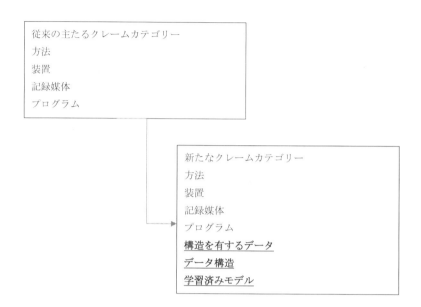

　平成14年の特許法の改正により、プログラムが「物」の発明として取り扱われるようになり（特許法第2条第3項第一号）、さらに改訂審査基準により「構造を有するデータ」、「データ構造」及び「学習済みモデル」がプログラムに準じて保護されるようになった。

　これにより、AIにより学習が完了した学習済みモデルが保護されるようになるが、学習済みモデル自体は単なる情報の提示にすぎないとして保護されない点に注意すべきである。学習済みモデルがプログラムの処理と共にクレームに記載されることで初めて審査基準に合致した「学習済みモデル」となるのである。この点は「構造を有するデータ」及び「データ構造」に関しても同じである。

　これら新たなタイプのクレームの活用方法については特許実務者向けに第7章にて詳述する。

(2) 機械学習分野の特許出願動向

　図3-4に示すグラフは機械学習分野における日本特許庁への特許出願数を示すグラフである。2016年には+78％の大幅な増加となり日本企業も機械学習に注力し始めたことがうかがえる。

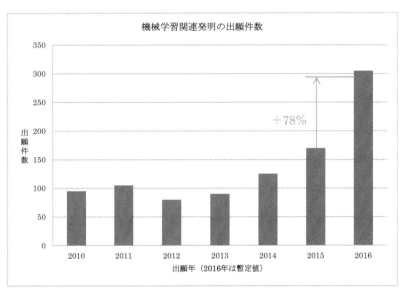

【図3-4】

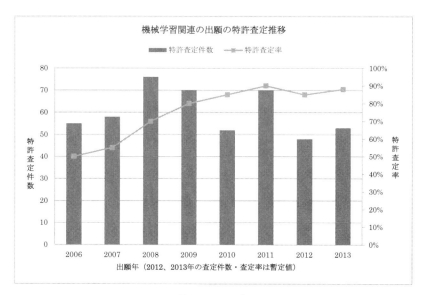

【図3−5】

　また図3−5に示すように特許査定率も90％台と極めて高くなっている。通常特許査定率は60％程度であるが、機械学習分野は次々と新たな技術が生まれている領域であり、先行技術がほとんど存在せず、新たなAI技術について出願すれば90％程度の出願が特許になるということである。

　これをチャンスと捉え、特許の取得しやすいこの時期に自社技術をカバーするアイデアをできるだけ多く出願しておくことが重要である。これは競合他社についてもいえることであるので、競合他社よりも早くAIのコア技術・AIサービスをおさえる必要がある。

第 **4** 章

今までの特許の
書き方では通用しない

第4章　今までの特許の書き方では通用しない

　各社ともルールベースに基づくソフトウェア関連特許を出願し、数多く権利化しているが、ディープラーニングを含む最新のAI技術はカバーできていない。最新のAI技術に対しては、これまでとは異なる新たな特許の書き方が必要となる。この点がクローズアップされた事件が、freee対マネーフォワードのクラウド会計ソフト事件である。以下に事件の概要と問題点について解説する。

1．freee対マネーフォワードの会計ソフト特許訴訟

(1)　特許内容の紹介

　freee社は「会計処理装置、会計処理方法、会計処理プログラム」と称する特許第5503795号（795特許）を所有している。795特許は、2013年3月18日に出願され、2014年3月20日に登録された。発明者には代表取締役である佐々木氏が含まれている。

　争点のひとつとなった請求項14は以下のとおりである。

【請求項14】

　ウェブサーバが提供するクラウドコンピューティングによる会計処理を行うための会計処理プログラムであって、前記ウェブサーバに、

　ウェブ明細データを取引ごとに識別するステップと、

　各取引を、前記各取引の取引内容の記載に基づいて、前記取引内容の記載に含まれうるキーワードと勘定科目との対応づけを保持する対応テーブルを参照して、特定の勘定科目に自動的に仕訳するステップと、

　日付、取引内容、金額及び勘定科目を少なくとも含む仕訳データを作成するステップとを含み、

59

作成された前記仕訳データは、ユーザーが前記ウェブサーバにアクセスするコンピュータに送信され、前記コンピュータのウェブブラウザに、仕訳処理画面として表示され、

　前記仕訳処理画面は、勘定科目を変更するためのメニューを有し、

　前記対応テーブルを参照した自動仕訳は、前記各取引の取引内容の記載に対して、複数のキーワードが含まれる場合にキーワードの優先ルールを適用し、優先順位の最も高いキーワードにより、前記対応テーブルの参照を行うことを特徴とする方法を実行させるための会計処理プログラム。

　以下に、本発明の概要を明細書の記載内容に基づき説明する。

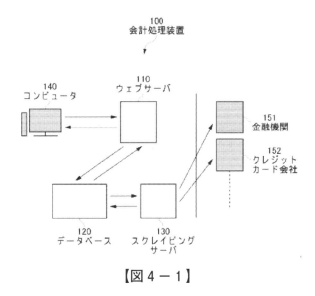

【図4－1】

　図4－1に示すようにコンピュータ140は、金融機関151、クレジ

ットカード会社152から入出金データをダウンロードする。

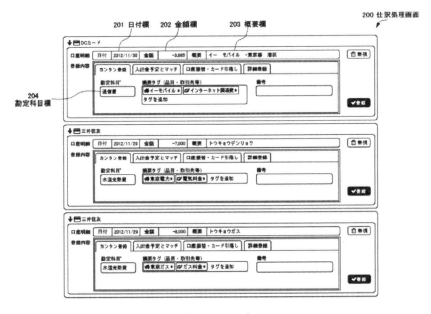

【図4-2】

　コンピュータ140は、適用タグに対応する勘定項目（通信費等）が正しいか否かを確認する。例えば摘要「イーモバイル、インターネット関連費」の勘定項目は通信費、「東京電力、電気料金」及び「東京ガス、ガス料金」の勘定項目は水道光熱費となる。

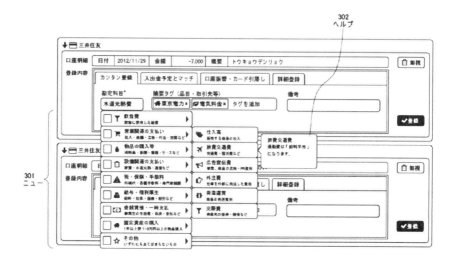

【図４－３】

判断が難しい場合、図４－３に示すように、旅費交通費、広告宣伝費等の例が説明と共に表示されるため、ユーザは説明を見ながら対応する勘定項目を選択する。この勘定項目は毎回選択する必要はない。登録ボタンを押して、対応テーブルに一度関係性を登録しておけば、次からは自動的に勘定項目が選択される。

❓		発生日	支払日/払込日	合計	小計	勘定科目	税区分	摘要	備考
✖	↓	2012-11-30	✔ 2012-11-30	5,000	5,000	旅費交通費	課税	八重洲タクシー,タクシー…	
✖	↓	2012-11-30	✔ 2012-11-30	3,885	3,885	通信費	課税	イーモバイル,インターネ…	
✖	↓	2012-11-30	✔ 2012-11-30	315	315	新聞図書費	課税	ナビタイム,有料サイト会…	
✖	↓	2012-11-29	✔ 2012-11-29	7,000	7,000	水道光熱費	課税	東京電力,電気料金	
✖	↓	2012-11-29	✔ 2012-11-29	8,000	8,000	水道光熱費	課税	東京ガス,ガス料金	
✖	↓	2012-11-25	✔ 2012-11-25	3,000	3,000	通信費	課税	ソフトバンク,携帯電話	
✖	↓	2012-11-20	✔ 2012-11-20	12,000	12,000	保険料	対象外	朝日生命,生命保険料	

【図４－４】

第4章　今までの特許の書き方では通用しない

　摘要「ソフトバンク、携帯電話」であれば、「通信費」と容易に
判断することができるが、組み合わせがさらに増加した場合、コン
ピュータによる判断が困難となる。特許明細書には以下の記載がな
されている。

　例えば「モロゾフ　ＪＲ大阪三越伊勢丹店」という取引内容であ
ったとする。この場合、「ＪＲ」の部分で対応テーブルを参照する
と、勘定科目として「旅費交通費」に分類されることとなるが、最
も可能性の高いのは「モロゾフ」にて贈答品を購入したという状況
であり、「接待費」に分類されるべき取引である。

　つまり、複数含まれるキーワードのうち、いずれのキーワードが
取引の正確な分析の上で支配的であるかを判定できるようにすれ
ば、「モロゾフ　ＪＲ大阪三越伊勢丹店」を対応テーブルが保持す
べきキーワードから外し、キーワード数を低減することができる。

　キーワードには次のように優先順位を割り当てることができる。
　１　品目（ｉｔｅｍ）、
　２　取引先（ｐａｒｔｎｅｒ）、
　３　ビジネスカテゴリー（ｂｉｚ＿ｃａｔｅｇｏｒｙ）、
　４　グループ名（ｃｏｒｐ＿ｇｒｏｕｐ）、
　５　商業施設名（ｂｕｉｌｄｉｎｇ）

　カッコ内は、優先ルールを実装する際のキーの例である。ビジネ
スカテゴリーは、ビジネスのドメインを連想させる言葉で、例えば
「石油」、「弁当」、「文具」等である。グループ名は、ＪＲなどのグ
ループ企業のグループ名である。商業施設名は、例えば「六本木ヒ

63

ルズ」等である。

　上記例に戻ると、対応テーブルに、「モロゾフ」、「ＪＲ」、「三越伊勢丹」がそれぞれ登録されており、「モロゾフ」はおおよそ取引が推測できるｐａｒｔｎｅｒキーワードとして、「ＪＲ」は多角的な企業グループとして、「三越伊勢丹」は商業施設名として登録されている。上記例は、当該対応テーブルを参照するとこの３つのキーワードに部分一致することとなるが、この中で、最も説明力が高いと考えられる「モロゾフ」が勘定科目を規定し、「接待費」が候補として自動的に表示される。

　つまり、キーワードを分類し、優先順位を設定しておく。これにより、複数のキーワードが存在しても可能性の高い勘定項目を選定することができるというものである。

(2)　訴訟の経緯

　freee社は、本特許にかかわる自動仕分けによる帳簿作成サービス[17]を提供している。

17　freee社HPより2016年12月25日　https://www.freee.co.jp/

第 4 章　今までの特許の書き方では通用しない

自動仕訳による帳簿作成

人工知能があなたの経理をサポート。クレジットカードやインターネットバンキングなどから取得した明細に記載された日本語(摘要欄)から、未知の日本語であっても適切な勘定科目を推測し自動で仕訳を行い、会計帳簿を作成します。

　一方、マネーフォワード社もMFクラウドと称するサービス[18]において自動仕分け処理を行っている。

明細データの自動仕訳

18　マネーフォワード社HPより2016年12月25日　https://biz.moneyforward.com/

65

2016年12月初旬freee社がマネーフォワードのクラウド会計ソフトが795特許を侵害するとして裁判所に提訴したものである。

(3)　**機械学習による実装**
　原告特許795特許では上述した通り、テーブル及び優先順位を設けたいわゆるルールベースによるものであるが、被告マネーフォワード側は機械学習により仕分け処理を行っていた。

　すなわち、「Fintech入門［Kindle版］」は「新聞図書費」、「入　渋谷　出　田町」は「旅費交通費」等とする複数のキーワードの組み合わせと正解の勘定科目とのセットからなる大量の教師データを与え続けることで自律的にコンピュータが最適なパラメータを有する学習モデルを構築していくのである。

　この学習モデルはユーザ数が増加し、収集するデータが多くなればなるほど精度が増し、また新たな勘定項目が生じた場合でも随時学習してパラメータがチューニングされていくのである。

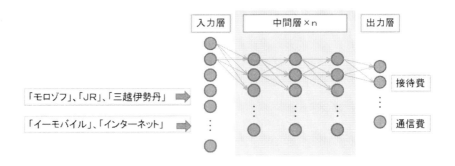

　入力層に形態素解析等により分類された「モロゾフ」、「JR」、「三

越伊勢丹」を入力すれば、出力層から「接待費」の確率が高いことを示す情報が出力される。また「イーモバイル」、「インターネット」との組み合わせでは出力層から「通信費」の確率が高いことを示す情報が出力される。

東京地方裁判所は、結局被告マネーフォワード製品は、

「**各取引を、前記各取引の取引内容の記載に基づいて、前記取引内容の記載に含まれうるキーワードと勘定科目との対応づけを保持する対応テーブルを参照して、特定の勘定科目に自動的に仕訳するステップ**」、及び

「**前記対応テーブルを参照した自動仕訳は、前記各取引の取引内容の記載に対して、複数のキーワードが含まれる場合にキーワードの優先ルールを適用し、優先順位の最も高いキーワードにより、前記対応テーブルの参照を行う**」

を充足しないとして、原告の請求を棄却した[19]。

2．AIに対応した特許

本事件でいえることは従来のルールベースを基に記載した特許では、AI技術をカバーできないということである。freee社の特許では、対応テーブル及び優先ルールに基づき仕分けを行うとクレームに記載しているため、ルールに基づかないAI技術はカバーできない。

このような場合、例えば

---

19 平成29年7月27日判決言い渡し　東京地方裁判所判決　平成28年(ワ)第35763号

「複数の取引内容と、該取引内容に対応する勘定項目との組み合わせを含む教師データを取得し、」

「取得した複数の教師データに基づき、複数の取引内容を入力、対応する勘定項目に関する値を出力とする学習モデルを生成する」

とするクレームを作成する必要がある。

また実施例にも、ハードウェアとしてCPU、GPUを用いる点を記載し、学習モデルの生成処理過程及び生成された学習モデルの活用処理を記載する必要がある。

もちろんルールベースの発明は依然として別個重要な発明であり、従来のスタイルで特許明細書を作成すればよいが、AI技術については今までとは明らかに違う書き方をしなければならないのである。

注意すべきは、ルールベースまたはAI技術いずれでも実現可能な場合、これら双方をカバーしうる特許明細書を作成すべきである。例えば画像処理、あるいは、本訴訟で争いとなった勘定項目の仕分け技術に関し、発明のポイントが結果の見せ方にある場合、実装はルールベースでもAIでもどちらでも良いはずである。この場合、実施例には、画像処理及び仕分け処理については、ルールベースに加えてAIの実施例も記載しておくことが重要である。訴訟、ライセンス交渉でルールベースに限定解釈される恐れもあるからである。

第 **5** 章

▼

特許事例を通じて
学ぶAI特許

第5章　特許事例を通じて学ぶAI特許

　AIはコンピュータが自律的にパラメータをチューニングする技術であるため、発明をイメージしにくい。本章では、日本及び米国の各企業が出願済みの特許を紹介することで、AI特許のポイント、発明発掘のコツをつかんでもらうことを主目的としている。必ずしも読者の事業領域とは一致しない特許も存在するが、紹介した特許が「自社技術領域に応用することができるか」、「更なる改良ができるのでは」等、何らかのヒントにしていただきたい。

１．ファナックのAIロボット特許

(1)　強化学習を用いた溶接ロボット
　　特許第6126174号
　　特許権者　ファナック株式会社

　溶接条件を強化学習するアイデアである。出願当初の請求項１は以下の通りである。
【請求項１】
　少なくとも一つのアーク溶接条件を決定することを学習する機械学習装置(30)において、
　アーク溶接実行中またはアーク溶接実行後の少なくとも一方においてアーク溶接に関する少なくとも一つの物理量と、前記少なくとも一つのアーク溶接条件とから構成される状態変数を観測する状態観測部(31)と、
　該状態観測部により観測された少なくとも一つの物理量の変化と、前記少なくとも一つのアーク溶接条件とを関連付けて学習する学習部(35)と、を具備する機械学習装置(30)。

71

出願当初の請求項は非常に請求範囲が広く、溶接に関し単に機械学習を用いる点をクレームしている。

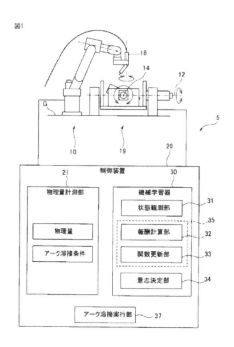

審査段階において進歩性がないとして拒絶理由が通知され、最終的に溶接特有のパラメータを追加するとともに強化学習であることを限定することで、下記の請求項の内容で特許が成立した。

【請求項1】
　少なくとも一つのアーク溶接条件を決定することを学習する機械学習装置(30)において、
　アーク溶接実行中またはアーク溶接実行後の少なくとも一方においてアーク溶接に関する少なくとも一つの物理量と、前記少なくと

第5章　特許事例を通じて学ぶAI特許

も一つのアーク溶接条件とから構成される状態変数を観測する状態観測部（31）を具備し、

前記少なくとも一つのアーク溶接条件は、溶接速度、溶接波形調整量、突出し長、溶接トーチの前進角・後退角、狙い角、狙い位置、シールドガス流量、ウィービング条件、アークセンサ条件、多層盛り溶接時の溶接位置オフセット量のうちの少なくとも一つを含んでおり、

前記少なくとも一つの物理量は、撮像部により撮像された溶接部位の撮像データ、該撮像データを処理することにより得られる溶接ビードの外観、ビードの余盛り高さ、ビード幅、およびスパッタ発生量、溶込計測装置から得られる溶込み量、ならびに集音装置から得られるアーク音波形のうちの少なくとも一つを含んでおり、

さらに、前記状態変数に基づいて、前記少なくとも一つのアーク溶接条件を決定する関数を更新することによって、前記少なくとも一つのアーク溶接条件を決定することを学習する学習部（35）、を具備し、

前記学習部は、前記状態変数に基づいて、前記少なくとも一つのアーク溶接条件を決定した結果に対する報酬を計算する報酬計算部（32）と、

該報酬計算部により計算された報酬に基づいて、前記関数を更新する関数更新部（33）とを含み、

前記関数更新部による前記関数の更新を繰り返すことによって、前記報酬が最も多く得られる前記少なくとも一つのアーク溶接条件を学習する機械学習装置（30）。

補正後のクレームが示すように、最終的に溶接特有のパラメータ、強化学習（報酬の最大化）の２点を主に限定することにより特

73

許を取得している。溶接技術は非常に奥が深く、溶接速度、電圧・電流、トーチの角度、適用するガス流量等の様々な溶接条件の変動により、溶接の出来栄えが大きく異なる。

　この溶接条件としては、具体的に溶接速度、溶接波形調整量、突出し長、溶接トーチの前進角・後退角、狙い角、ガス流量などがある。そして出来栄えを示す物理量は、例えばカメラから取り込んだ溶接部位の画像データ、ビードの厚み・外観、マイクから取り込んだアーク音波形等がある。そして、この物理量をベースとして報酬が大きくなるよう、溶接条件について強化学習させるのである。本特許は物理量及び溶接条件が列挙されているが、「アーク溶接条件は、溶接速度、溶接波形調整量・・・のうちの少なくとも一つを含んでおり、」とor条件で規定されているため、権利範囲は広いといえる。

　ここで言えることは、単にある装置に機械学習を適用した、というだけでは進歩性を主張しがたく特許化できないが、各分野（本特許では溶接分野）特有のパラメータを入れて、当該分野ならではの特徴を組み込めば進歩性を見出すことができ特許化の可能性がぐっと高まるということである。

⑵　AIを用いた電池種別判断

　以下に示すアイデアは特許の例ではないが、電池の分野に機械学習を適用した場合の例である。電池は次第に劣化するものであり、その劣化の程度、寿命は温度、充電回数等様々な環境条件により変動するという非常に奥の深い領域である。このような領域こそAIが得意とする分野であり、特許ネタは多数存在するはずである。

74

第 5 章　特許事例を通じて学ぶAI特許

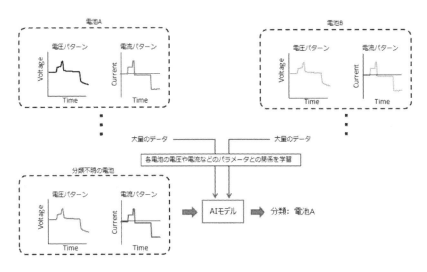

[- - - - - -] リチウムイオン電池のパルス充放電特性の一例

　上記図は電池の電圧・電流の時間的変化を示したものである[20]。同種の電池は概ね同様の特性を示す。ここで電池の電圧電流特性を入力、電池の種類を出力とする教師データを用いて学習させる。電池Ａ、電池Ｂについて数多くのデータを学習させることで学習モデルのパラメータがチューニングされる。

　実用段階では、分類不明の電池を学習モデルに入力すれば、電池Ａの確率、電池Ｂの確率が出力されることになる。このような電池の電圧電流特性に基づき、機械学習を行い、種類不明の電池の種類を特定するというアイデアも十分特許化の余地はあるといえよう。

　次に示す例はパン屋に導入されたAIレジ[21]である。パン屋には数

20　GSユアサHPより2017年10月22日　http://www.gs-yuasa.com/jp/newsrelease/article.php?ucode=gs170916160227_427

多くの種類の菓子パンが存在し、レジ担当者は瞬時にパンの種類を判別し、レジ打ちする必要がある。このレジ打ちを習得するには数か月要する。

　このAIレジは、上図に示すようにレジ台におかれたトレイ上のパンの種類をディープラーニングで特定しようというアイデアである。認識率の低いパンは黄色で表示され、他のパンの候補が表示される等、パンならではの工夫がなされている。非常に面白いアイデ

21　ベーカリースキャンHPより2018年4月12日　http://bakeryscan.com/introduction/index.html

アである。このようなAI利用発明を他社に先駆けて取得すること
が重要である。

　IoTの章で解説するが、このAI技術に加えて、IoT機器を通じた
電池データの取得方法に特徴があれば、当該特徴も権利化可能であ
る。またこの完成した学習モデルは非常に価値があるものであり、
データが集まり学習が進めばさらに価値のある学習モデルに更新さ
れることになる。この完成した学習モデルを用いたビジネスソリュ
ーションも特許の対象となり得る。本書ではAI技術を中心にこの
AI技術に付随して発生するアイデアをも権利化すべき点を随時紹
介する。

(3)　アース線又はシールド線の接続箇所を学習する機械学習方法
　　特許番号　　特許6177842号
　　特許権者　　ファナック株式会社

　アース線又はシールド線の接続箇所は、熟練者の知識やノウハウ
の蓄積に依存するところが大きく、また実際に選択された接続箇所
が妥当であるかの評価も困難である。このような熟練者のノウハウ
が必要な事象において威力を発揮するのがAIである。

　本特許では機械学習によりアース線又はシールド線の接続箇所を
特定するものである。特許成立時の請求項は以下の通りである。

【請求項1】
　電動機装置において使用されるアース線又はシールド線の接続箇
所を学習する機械学習装置であって、

前記アース線又はシールド線の接続箇所、及び電動機からのフィードバック信号を状態変数として観測する状態観測部と、

　前記状態変数に基づいて作成される訓練データセットに従って、前記フィードバック信号に含まれるノイズを抑制する前記アース線又はシールド線の接続箇所を学習する学習部と、

　を備える、機械学習装置。

【請求項3】

　前記学習部が、

　前記フィードバック信号に含まれるノイズに基づいて報酬を計算する報酬計算部と、前記報酬に基づいて、前記アース線又はシールド線の前記接続箇所を決定するための関数を更新する関数更新部と、

　を備える、請求項2に記載の電動機制御装置。

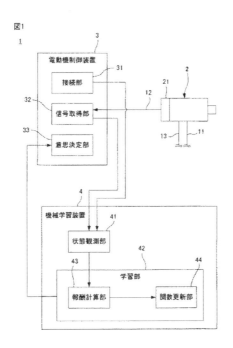

　ノイズが小さければ報酬を多く付与するようにし、アース線またはシールド線の接続箇所を選定するにあたり報酬が最も大きくなるよう学習させるのである。本特許もアース線等の設置に当たり生じる特有の課題を解決するために当該分野において機械学習を用いた点が評価され特許が成立している。

2．AmazonのAI特許

(1) 在庫管理ロボットの掴み方学習
　　出願日　2014年12月16日
　　登録日　2016年11月15日
　　登録番号　US9,492,923

Amazonは猛烈な勢いで事業領域を拡大しているが、特許取得についても非常に熱心である。本をインターネットで販売するビジネスを行う際に、2回目以降は住所などを入力することなくワンクリックで購入ができるワンクリック特許が有名である。Amazonは新規ビジネスを立ち上げる際特許弁護士が立ち会い、技術的な特徴があれば積極的に権利化を図っている。特許出願件数も2600件以上と非常に多い。

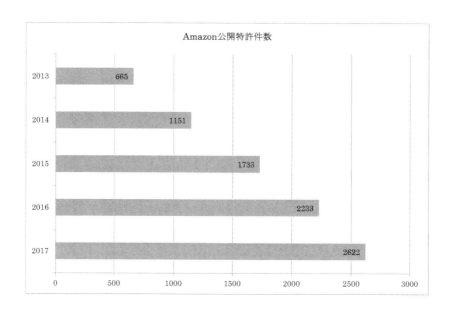

　本特許は、配送センター内で使用する把持ロボットに教師データを付与する際のGUI特許である。

第5章　特許事例を通じて学ぶAI特許

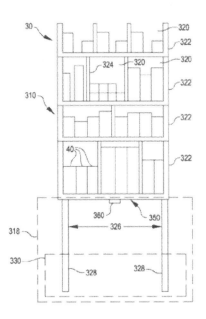

注文商品は本棚のようなInventoryホルダーに次々に搭載される。

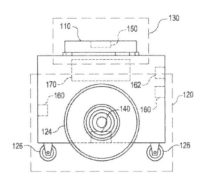

　配送センターには、ロボット掃除機ルンバのような自動搬送機（上図参照）が走行しており、自動搬送機は指示を受けてInventory

81

ホルダーの下側に入り込む。自動搬送機はInventoryホルダーを上側に持ち上げ、Inventoryホルダーをリリースエリアに搬送する。

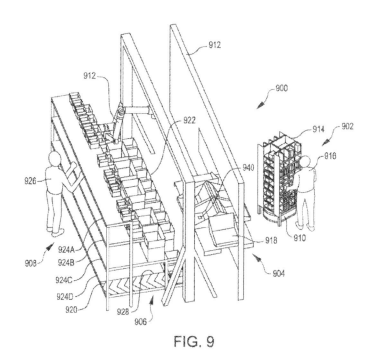

FIG. 9

　リリースエリアのロボット912が商品をつかみ、段ボールへの詰め込み作業を行う。ところが、商品の形状は様々であり、どのようにロボット912に商品をつかませるかが問題となる

第5章 特許事例を通じて学ぶAI特許

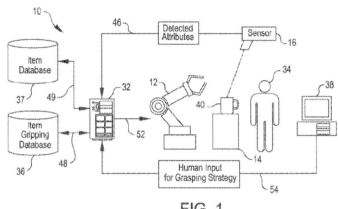

FIG. 1

　センサ16で商品40の大きさ、形状、向き、重さなどを検出し、検出内容に基づき、Item DB37で商品を検索する。商品検索後、商品に応じた把持ストラテジーをDBから読み出す。そして商品を段ボールに搬送する。

　商品を認識できない場合、オペレータが下記GUI（Graphical User Interface）を参照しながら教師データ、すなわち把持ストラテジーを入力する。

　図5-1に示すように804の行からハンドタイプを選択する。また820の行からつかむ角度を選択する。最後に830でプレビューを表示する。このように、GUIを利用して教師データを与えて学習させる。

　AI特許というと複雑なニューラルネットワークアルゴリズムをイメージするが、教師データの入力を支援するGUIアイデアも自社技術としてカバーしておきたい。

83

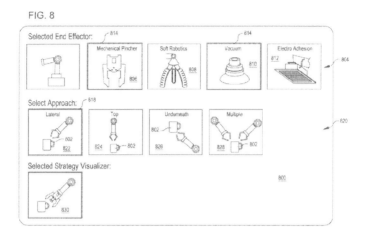

【図5−1】

　Amazonの配送センターの様子が以下に示す通り公開されている[22]。

22　Youtubeより2017年7月28日　https://www.youtube.com/watch?v=cLVCGEmkJs0

上述した通り、自動搬送機が配送センター内を動いており、コマンドに応じて、Inventoryホルダーの下まで移動する。自動搬送機はInventoryホルダーを持ち上げ、リリースエリアまで移動する。リリースエリアでは把持ストラテジーが選択され、段ボールへの詰め込みが行われる。商品を認識できない場合、オペレータが学習させるのである。

(2) Amazon MLS（マシンラーニングサービス）特許
公開番号　WO2016/004075
出願日　2016年6月30日

「機械学習モデル評価のインタラクティブインターフェース」と称する特許であり、AmazonのECサイトから、学習モデルの生成を支援する技術である。

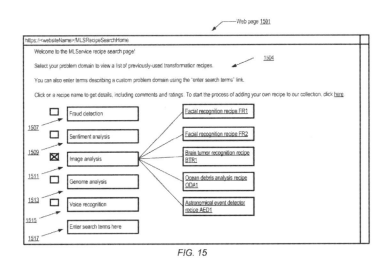

【図5-2】

MLSメニューを選択すると、図5-2のように対象とする領域を選択する。例えば、詐欺検出、感情分析、画像処理、ゲノム解析、音声認識等である。豊富なライブラリから、検索キーを入力して対象を選択することができる。

　ここで、画像分析を選択した場合、レシピ候補が表示される。上図5-2の例では、顔認識レシピ1、顔認識レシピ2、脳腫瘍認識レシピ、海のゴミ解析レシピ、天文学的事象検出器レシピが表示される。

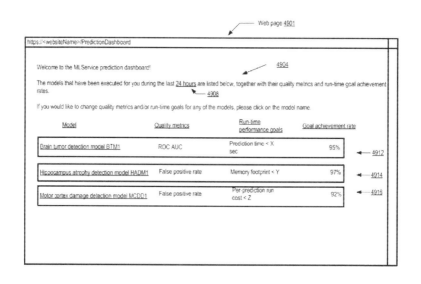

　過去24時間にユーザの指示により実行されたモデルが、モデルの質メトリック、走行時間性能目標、走行時間目標達成率と共に表示される。

　例えば、運動皮質損傷検出モデルを生成する場合、質メトリック

は「偽陽性率」、性能目標は、「予測走行当たりの費用＜Ｚドル」、目標達成率は「92％」と設定できる。学習モデルの出力層を何にするか、どの程度の期間学習させるかを設定する。またAIは完全な答えを求めることはできない。AIは、正解である確率が％であることを出力することが得意である。97％程度の確からしさを求めるのか、90％程度の確からしさを求めるのか、案件、学習期間、コストに応じて設定する。

　質メトリックとしては、正確さメトリック、再現度メトリック、感度メトリック、真陽性率、特異性メトリック、真陰性率、精度メトリック、偽陽性率等がある。MLSを受けるユーザはモデルをクリックして、質メトリック、走行時間目標等を任意に変更することができる。

　図5－3は評価データセットEDS1をモデルM-1231に適用して予測した分布を示す。

　True Positives（真陽性）が37％、True Negatives（真陰性）が45％と表示されている。また、False Positives（偽陽性）が11％、False Negatives（偽陰性）が7％と表示されている。前者が正解であり、後者は誤りである。ユーザがカットオフ値S1スライダを左右に動かした場合、リアルタイムで分布が変化する。

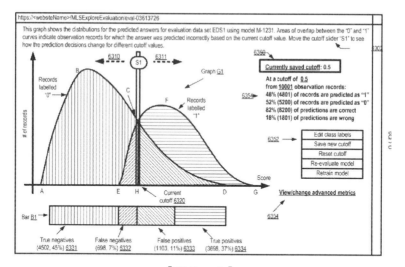

【図5－3】

　MLSを受けるユーザがサービスに応じてカットオフ値を設定することができる。図5－4はカットオフ値を右側に移動させ、偽陽性を減少させたものである。例えば、E-コマース分野における詐欺検出の場合、カットオフ値を右側に調整することが行われる。偽陽性が多いということは、冤罪が多くなるということである。そのためカットオフ値を右側に移動させ偽陽性を13%から5％に減少させている。

　一方、腫瘍検出用途の場合、安全性を担保すべく偽陰性を減らす必要があり、左側へ移動させる。このようにユーザの機械学習の目的・用途に応じて自由にカットオフ値を調整できるようにしている。

第5章 特許事例を通じて学ぶAI特許

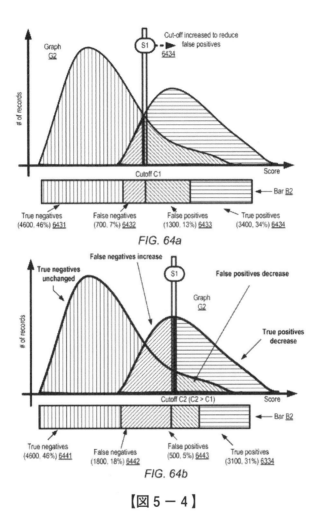

【図5-4】

　カットオフ値だけではなく、その他のパラメータもGUI上で変更することが可能である。詳細メトリックを調整する場合、予測の質メトリック感度（スライダ6554A）、特異性（スライダ6554B）、精度（スライダ6554C）、F1スコア（スライダ6554D）（精度と再現率の調和平均）を変更することができる。

なお、カットオフ値S1を動かせば、他のスライダも連動して動き、特異性スライダを動かせば、カットオフ値、及び、他のスライダも動くこととなる。ユーザは結果を見ながら調整することができる。

　なお、偽陽性等の用言がわかりにくい場合、「真陽性」を「買う」、「真陰性」を「買わない」等のように自由にラベルを変更することができる。

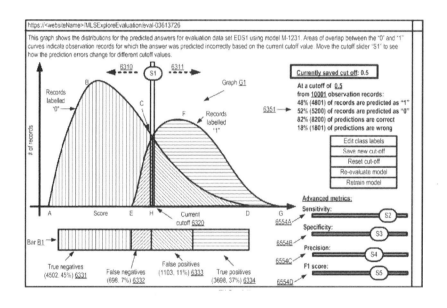

　図5－5は、AmazonのMLSサービス画面を示す説明図である[23]。本特許で述べた技術がこのMLSサービスに適用されている。

23　アマゾンAWSHPより2017年11月25日　https://aws.amazon.com/jp/aml/

第 5 章　特許事例を通じて学ぶAI特許

【図 5 − 5】

　開発者は、バイナリ属性（バイナリ分類）、カテゴリ属性（複数クラス分類）、数値属性（回帰）の値を予測するモデルを作成することが可能である。

　バイナリ分類モデルは、ウェブサイトのコメントがスパムであるかどうか（「はい」または「いいえ」など）を予測可能である。

　複数クラス分類モデルは、カスタマーサービスのリクエスト（「請

求」、「技術サポート」、「注文ステータス」など）の転送先を予測可能である。

　回帰モデルは、アプリケーションまたはサービスに関するユーザの次の問い合わせが何日後に来るかを予測可能である。

３．AI×FinTech特許

　FinanceとTechnologyを組み合わせたFinTechが注目されている。FinTechは決済、株取引、融資、送金、金融情報収集、資金調達、投資、クラウドファンディング、セキュリティ等多岐にわたるが、いずれもインターネット、スマートフォン、IoT等のテクノロジーを組み合わせてユーザフレンドリー、低価格、リアルタイムでのサービスを提供するものである。

　FinTech分野で主に取り扱うのは膨大な金融データであり、この金融データの解析はAIが最も得意とする分野である。以下に、AIを用いたFinTechのうち、セキュリティ、レンディング、及び、投資予測に関する特許について解説する。分野はFinTechであるものの、AIの応用の仕方は他分野でも参考となる。

⑴　詐欺、なりすまし、ハッキング防止技術
　　登録番号　米国特許9,536,071号
　　特許権者　BioCatch

　ユーザのスマホ、PC、アプリ、ブラウザ上での操作入力を監視し、AIを用いて攻撃を検出するアイデアである。金融取引におい

第5章　特許事例を通じて学ぶAI特許

ては、ユーザ名およびパスワードの入力を要求するが、正規ユーザが入力しているのか、悪意のあるユーザがなりすましているのか、あるいは、ロボットが入力しているのかを識別する必要がある。071特許は入力時の癖を、AIを用いて分類する。

071特許では、クロスプラットフォーム技術を採用している。これはスマホと、デスクトップとのの異なるプラットフォーム間の操作入力を関連付けて重みづけするのである。

ログイン画面では、タップするのか、OKボタンを押すのか、Enterキーを押すのか、ユーザにより特色がある。異なるプラットフォームでの操作時にも特色がある。つまり、同じユーザでもスマホ操作時とPC操作時とでは入力癖も異なるはずである。

071特許は、通常の単体のプラットフォームの特色に加えて、クロスプラットフォームの特色をAIに学習させておく。認証時にはクロスプラットフォームを用い、容易になりすましや、ロボットによる攻撃等を検出できるのである。

93

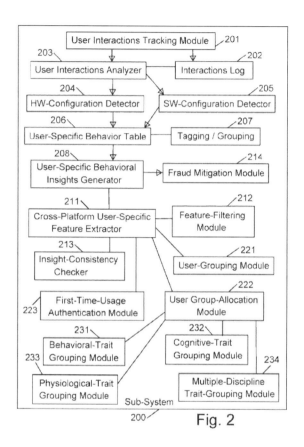

Fig. 2

　このような人間の特性に基づいた認証を行動バイオメトリクス認証といい、BioCatchは多数の特許を取得している。以下に概要を示す。

US9,558,339

　読者の皆さんがPCを操作しているときに、カーソルが消える、または、フリーズした場合、どのような動作をとるであろうか。おそらくマウスを小刻みに動かすであろう。それが人間の動きであ

り、ロボットが行う動作ではない。339特許では、ログイン画面で意図的に通常と異なる画面を表示し（マウスポインタを隠す、異なるディスプレイに表示する）、その後の操作をモニタリングすることにより、人の操作か、ロボットによる操作かを判断するアイデアである。

US9,552,470

下記図に示すように詐欺の可能性を示すゲージ（マウス・キーボードの動きを監視）を表示し、通常のユーザか、詐欺ユーザかを判断する。異常レベルのユーザをマップ上に表示する。

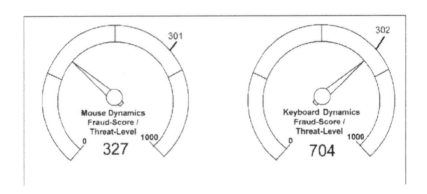

US9,547,766

ユーザのキーストロークを監視し、所定時間内でのキーストローク数を分析することで、人間の入力か、コンピュータによる自動入力かを識別する。人間は人間らしいストロークで入力するが、ロボットは速度一定で精度高い入力を行う。キーストロークをAIで分析することによりロボットの入力を検出するものである。

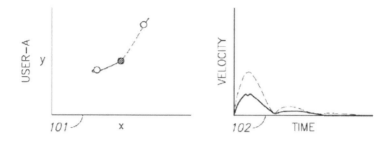

US9,541,995

　ユーザの操作入力を感覚運動性コントロールループモデルで表現し、AIによりユーザを分類するアイデアである。ユーザの分類に加えて、ユーザが、肘をついて入力しているのか等の詳細分析、さらにロボットによる入力なのかを判別するのである。

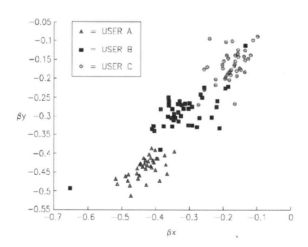

　これらの特許を所有しているBioCatch社[24]は2011年にイスラエルにて設立され、ニューヨーク、ロンドンに支社がある。主に行動バ

イオメトリクスを用いた認証サービスを金融機関向けに提供している。50以上の特許を所有しており、一月に40億ものトランザクションを監視している。

BioCatch社のその他の認証技術を以下に説明する。

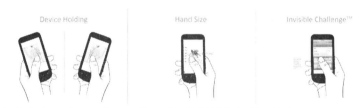

【図5-6】

スマホにAI行動バイオメトリクスを適用する。通常の操作（キーストローク、速度）分析に加えて、ユーザが右利きなのか、左利きなのかを判断し不正攻撃を検出する。スマホには加速度センサが備わっており、右利きのユーザは若干右側に傾けてスマホを操作す

24　BioCatch社HPより2018年3月7日　https://www.biocatch.com/

るであろう。この右利きのユーザが突然左利き特有の操作を行った場合、なりすましの可能性が高いと判断できる。

　手の大きさもユーザを判断するうえでの一つの特徴となる。図5－6中央に示すように、手が大きいユーザはスマホを保持する手の親指で操作することが多い。一方、手が小さいユーザは一方の手でスマホを保持し、他方の人差し指で操作することになるであろう。この手の大きさに基づく操作が通常と異なる場合、なりすましの可能性が高いと判断できる。

　アラーム設定の際に表示される回転式の入力インターフェースの場合、親指でスピン入力するが、このスピンの速度も人によって相違する。この速度をモニタリングすることでなりすましか、あるいは、ロボットの操作によるものなのかを判別することができる。

　このようにBioCatch社は、多くのスマホに関する行動バイオメトリクス分析を特許でカバーしており、競合他社の参入が厳しい状況となっている。

(2)　AIクレジットスコア算出特許
出願人 Zest Finance Inc.
米国公開特許　US2016/225076, 2016/155194, 2016/0110353等

　本特許は、機械学習を用いて借り手のスコア（信用度）を算出するシステムである。米国ではレンディングビジネスが盛んであり、借金をする場合、借りるユーザのクレジットスコアが算出される。適当な収入があり、返済を適切に行っていればクレジットスコアが

高くなり、返済が十分でない、収入が不安定な場合、クレジットスコアが低くなる。

　各社様々なクレジットスコア算出方法を提案しているが、Zest社は一般的なデータに加えてこれらのデータの関係を利用したメタ変数をも用いて、より精度よくスコアを算出するアイデアについて特許出願している。AIはデータ量が命である。本特許は入力データを組み合わせて数多くのデータを生成するのである。

　本特許では最初に、借り手から住所、年齢、職業、収入などの情報を取得する。

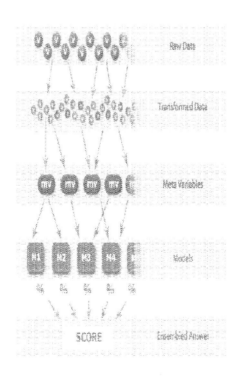

下記例ではA氏とB氏の情報が示されている。この情報は本人が自己申告により入力する情報と、第三者から取得した情報とが含まれている。A氏の職業は看護士（LPN：Licensed Practical Nurse）であり、B氏の職業は看守である。

　A氏の年収は＄32K、同業の平均年収は＄35K−40Kとなっている。一方、B氏の年収は65K、同業の平均年収は＄35K−45Kとなっている。その他、住所、副収入などの情報を入力する。

Variable	Source	Ms. "A"	Mr. "B"
Profession	Applicant	LPN	Prison Guard
Reported Income	Applicant	$32K/year	$65K/year
Similar Income	3rd Party	$35K-$40K	$35K-45K/year
Other Income	Applicant	Owed $8K/year child support. Never paid.	$0
Obligations	Applicant and 3rd Party	$800/mo rent	$1,200/mo rent
Address Information	Applicant and 3rd Party	2 addresses in 10 years	7 addresses in past 5 years
Late Payments	Applicant and 3rd Party	1 - gas bill.	None reported
Social Security Number	Applicant and 3rd Party	One (1) registered SSN	Four (4) registered SSN
Effort invested in understanding lender's products	Applicant behavior during application process	Total time to complete application: 45 minutes Lender documents accessed (including 3 loan application forms): 15	Total time to complete application: 7 minutes Lender documents accessed (including 3 loan application forms): 3

本特許では入力された情報に基づき、メタ変数を算出する。このメタ変数は複数の入力情報を組み合わせて生成したものである。例えば、自己申告年収と同業の返金年収との差（比較収入）をメタ変数として新たに生成する。

　また申請時の緯度・経度と入力住所とから算出される距離をメタ変数として新たに生成する。同業者と比較してあまりに差が大きいと虚偽の申告の可能性があり、また申し込み時のGPSで得られる位置と入力住所とがかけ離れている場合、信用度が低くなる。

　このように入力された情報及び外部から得た情報とを適宜組み合わせて新たなメタ変数を生成する。AIの精度は入力データの多さに影響する。本特許では入力パラメータを、メタ変数を用いて増加させた上で学習モデルに入力し、スコアを算出する。入力するメタ変数に対して出力される信用度については機械学習によりチューニングする。

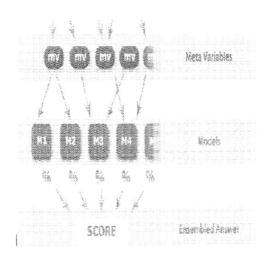

本特許はここでもう一工夫されている。メタ変数を一つの学習モデルに入力させるのではなく、複数種の学習モデルに入力するのである。例えば、モデルA（フォレストモデル）、モデルB（ロジスティック回帰モデル）、あるいは、モデルC（IBMのワトソン）にそれぞれ入力する。

各モデルから出力されるスコアに基づき、例えば平均により、最終スコアを求める。学習モデルにより性能の良し悪しはあるであろうから、各モデルに重みづけを行い最終スコアを求める。この重みづけの適正さも機械学習を行うことによりチューニングすることができる。

本特許にはさらに応用アイデアが開示されている。

クレジットスコアが低いユーザには、何が原因かをアドバイスする。上述したB氏の場合、メタ変数の内、比較収入のスコアが低いことが原因である。従って、「適切な収入を再入力してください」等のアドバイスが表示される。

また米国ではアンダーバンクトと呼ばれる層が存在する。これは銀行口座を持てない層を意味する。米国では銀行口座を開設した場合、一定額以上の預金がないと口座管理維持費を徴収される。そのため、銀行口座を持たず、クレジットカードをも持てないユーザが存在する。当然ながら、データが存在しないことからクレジットスコアも低くなる。

本特許では、アンダーバンクトユーザに対し、ネット＋電話で情

第5章　特許事例を通じて学ぶAI特許

報収集を行い、情報を別途追加したうえで上述したスコアを再計算する。

　特許を申請する場合、メインとなるアイデアに加えてこのような周辺アイデアもきっちりと明細書に書いておくことが重要となる。メインの部分で特許が取得できればよいが、通常はよく似た先行技術が存在するとして権利取得できないことも多い。この場合メイン技術＋周辺技術の組み合わせで進歩性が認められ、特許取得できる場合がある。またこの周辺技術を競合他社に押さえられてしまえば、自社のビジネスの弊害となる。

　特許アイデアを弁理士と打合せする場合、できるだけこの周辺アイデアを、弁理士を通じて引き出してもらいより良い特許を取得していただきたい。

Zest Finance社[25]は2009年に設立されロサンゼルスに本社を置

25　Zest Finance社HPより2017年9月23日　https://www.zestfinance.com/

103

く。元GoogleのCIOのDouglas Merrill氏が設立したIT企業である。Zest Finance社は、他の貸し出し業者が評価し得ない借り手に対しても、機械学習を用いたスコア算出システムにより、評価を行い、事業拡大を図っている。

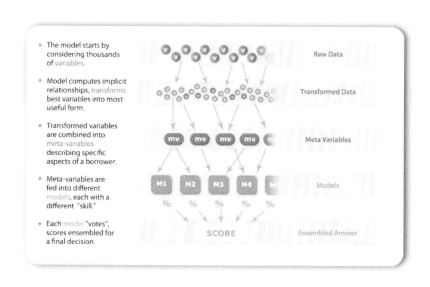

上図[26]のように本特許で紹介されていた技術がスコア算出に用いられている。

Zest Finance社は中国でもサービスを展開している。中国ではクレジットカードを所有しない層が多く、クレジットスコアを算出することが困難な市場である。本特許によれば、数少ない入力データからメタ変数を生成することができるため、本特許で述べたシステムを活用して、中国ユーザのクレジットスコアを算出するサービス

26　comHPより2017年9月23日　https://gigaom.com/2013/07/31/peter-thiel-leads-20m-round-for-zestfinance

第5章　特許事例を通じて学ぶAI特許

を行っている。

(3)　遺伝的アルゴリズムを用いた金融取引導出方法
　　国際特許公開番号 WO2010/127039、US8918349等
　　特許権者　Sentient Technologies（旧Genetic Finance）

　本特許は、遺伝的アルゴリズム（GA：Genetic Algorithm）を用いて最適な金融取引方法を求めるアイデアである。遺伝的アルゴリズムは金融分野において広く用いられているAI技術であり、遺伝子をトレーダに見立てて評価、破棄、生殖、突然変異させる。

　株価のトレンドは、概して予測不能であるが、時として予測可能なパターンを呈することもある。遺伝的アルゴリズムは、株式のカテゴリー化に使用されることが知られている。ある理論によれば、任意の時点で、株式の5％はトレンドに従っているという。遺伝的アルゴリズムは、トレンドに従っている株式と、そうでない株式とをカテゴリー化するためにしばしば利用され、ある程度の成功を収めている。

105

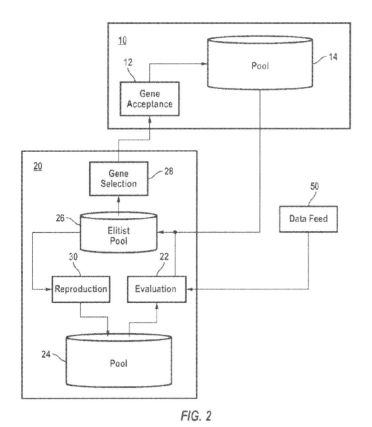

FIG. 2

　本特許はサーバ10・クライアント20モデルを採用し、各クライアント20は遺伝子（トレーダー）を育成し、エリート遺伝子をサーバ10のプール14に格納する。プール14内のエリート遺伝子が多ければ多いほど適応度（収益率）が向上する。

　一方、クライアント20には遺伝子を格納するプール24が設けられている。評価ブロック22で各遺伝子は評価される。この評価は例えば600日間の収益率により評価する。優秀（5％）な遺伝子がエリ

ートプール26に送られる。残りの遺伝子は生き残ることなく破棄される。そして、エリートプール26内でも再び評価され淘汰される。

　エリート遺伝子は、遺伝子選択部28で候補としてサーバ10に送られる。サーバ10内のプール14のもっとも出来の悪い遺伝子よりも性能が良ければサーバ10内のプール14にエリート遺伝子が格上げされる。できの悪い遺伝子は破棄される。

　複数のクライアント20とこのような処理を行うことで、サーバ10にはエリート遺伝子が多数集まることとなる。サーバ10はプール14が満タンになるまで処理を繰り返す。

　さらに本特許では、遺伝的アルゴリズムの特徴である生殖処理及び突然変異処理を実行する。クライアントのエリートプール26の遺伝子は生殖部30により生殖が許されている。エリート遺伝子２つをランダムに抽出し組み合わせて子遺伝子を生成する。すなわち、生物と同じように精度の良いアルゴリズムを掛け合わせてより良いアルゴリズムを生成するのである。

　またエリート遺伝子を突然変異させ新たな遺伝子を生成する。この点も生物と同じく、同種のアルゴリズム同士を掛け合わせるだけでは偏りが出てくる。そのため、意図的に突然変異を行い、異なるアルゴリズムを探索するのである。

　このようにして生成された遺伝子は再び評価部22に送り込まれる。以上の処理を繰り返し、最適な取引方法を見出す。

107

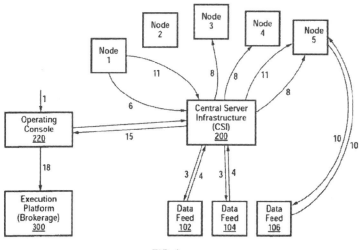

FIG. 2

　本特許では遺伝的アルゴリズムの探索処理だけではなく他のアイデアも開示されている。

　CSI（Central Server Infrastructure）200は、Operating Console220から金融アルゴリズムに関するコンピュータタスクを受信する。例えば、CSI200は金融機関から次年度の米国における平均株価の予測アルゴリズムの生成を命じられたとする。

　AIによる処理は非常に時間を要するため、CSI200は各ノード１－５に対し、タスクを実行するよう命令する。なお、タスクを複数のサブタスクに分割し、サブタスクを複数のノードに割り当ててもよい。

　各ノード１－５は競合しており最適なアルゴリズムを競って生成

する。各ノード1-5はアルゴリズムを経時的に進化させ自身のアルゴリズムを評価する。各ノード1-5は条件を満たすアルゴリズムを選択してCSI200に返す。CSI200は各ノード1-5から送られたアルゴリズムの中から優秀なアルゴリズムをプールに保存する。

最終的に、CSI200は得られたアルゴリズムを依頼者であるOperating Console220を介してExecution Platform300へ送信する。ここで、Execution Platform300が取引により利益を得た場合、成功したノードには報酬が付与される。このようにAIによる処理を複数に分散させて実行させることも一つのアイデアである。

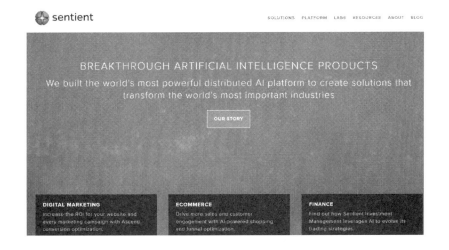

本特許の特許権者であるSentient Technologies[27]は、AppleのSiri開発者のHodjat氏らにより2014年に設立された。サンフランシスコに本社をおき主にデジタルマーケティング、e-コマース、ファイ

---

27 Sentient社HP 2017年9月17日　https://www.sentient.ai/

ナンス分野におけるAIプラットフォームを提供している。

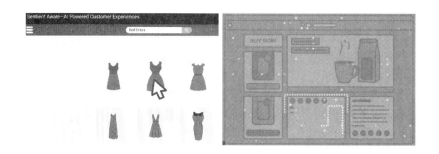

　上の左図はSentient Awareと呼ばれるAIを用いたe-コマースレコメンドエンジンであり、顧客の好みを、AIを用いて推測するサービスである。上の右図はSentient Ascendと呼ばれるサービスであり、AIを用いたHPの最適化エンジンである。HPのコンテンツ、レイアウトを、AIを用いて最適化するものである。

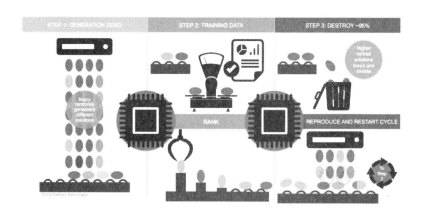

THE DNA OF BETTER DECISIONS

　本特許に相当する技術もサービス提供されている。このサービスはSentient Investment Managementと呼ばれ、トレーディング・投資に関するAIプラットフォームを、遺伝的アルゴリズムを用いて提供している。

4．GoogleのAI特許

　Googleは数多くのアルゴリズム、自動運転、スマートフォン関連において数多くのAI特許を出願している。下記グラフ[28]はビッグ５のAI分野における特許出願件数を示している。AI関係についてはマイクロソフト及びGoogleの件数が多い。

28　CB Insight レポートより

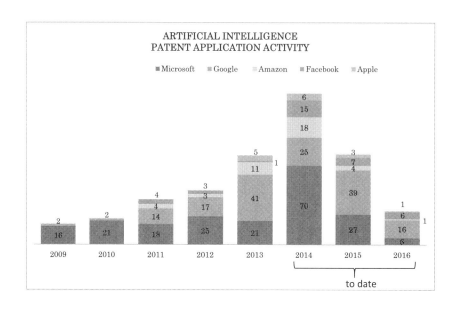

自動車関連技術についてはGoogleの特許出願件数が圧倒的に多い。

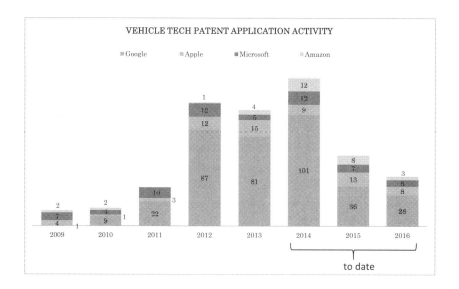

112

第5章　特許事例を通じて学ぶAI特許

Googleの米国公開特許件数の推移は以下の通りである。

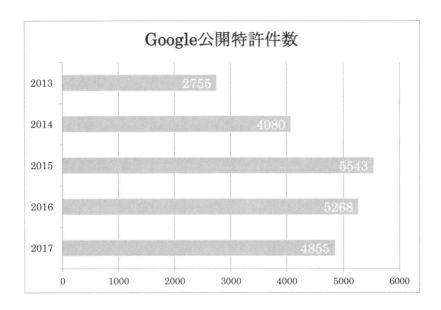

(1) **学習モデルトレーニング方法**

　　特許権者　Google
　　特許番号　US8,768,870
　　出願日　2013年8月15日
　　登録日　2014年7月1日

　パラメータサーバシャードを用いたトレーニングモデルと称される本特許は、計算時間を要する学習処理を分散して実行するものである。

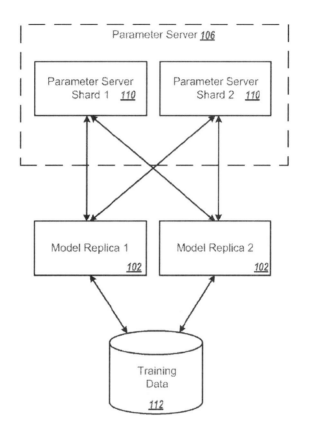

　本特許のシステムはトレーニングデータを記憶するDB112、複数のモデルレプリカ102, 102・・・、複数のパラメータサーバシャード110, 110・・・により構成される。

　モデルレプリカ1及びモデルレプリカ2は、学習モデルのレプリカであり、パラメータ（重み、バイアス等）がそれぞれ異なる。パラメータサーバシャード1、及び、パラメータサーバシャード2は、モデルレプリカ1,2に学習させた後の最新パラメータを記憶す

る。トレーニングデータDB112は、学習用のトレーニングデータを記憶している。

　学習には時間を要することから、本特許では各モデルレプリカが競って最適なパラメータの導出を行うのである。

　モデルレプリカ1は、パラメータサーバシャード1,2から最新のパラメータをダウンロードする。ダウンロードした最新のパラメータ、及び、トレーニングデータDB112から取得したトレーニングデータに基づき、各モデルレプリカ1,2は非同期で独自に学習する。

　学習後、モデルレプリカ1は学習済みのパラメータをパラメータサーバシャードへ返す。同様に、モデルレプリカ2は別途のタイミングで独自にパラメータサーバシャードからパラメータをダウンロードして学習し、学習後のパラメータをパラメータサーバシャードへ返す。

　本特許では説明を容易にするために2つのモデルレプリカを用いる例を挙げているが、モデルレプリカをさらに多く設け、分散処理させることで、学習モデルのパラメータが早期に収束することとなる。

⑵　モバイルプラットフォーム上のユーザ適応のためのネイティブ機械学習サービス
　特許権者　Google
　特許番号　US8,429,103、US8886576等
　出願日2012年8月2日　登録2013年4月23日

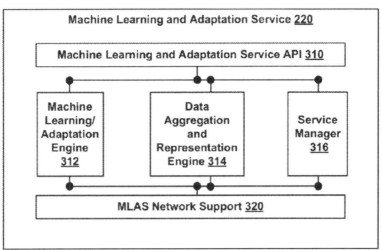

　Googleは特許訴訟が非常に多いスマホ分野において数多くのAI特許を出願している。本特許はユーザのスマホの使用特性をAIが分析し最適化する技術である。様々な面から権利化を試みており、その一部分を解説する。

第5章　特許事例を通じて学ぶAI特許

（i）最適プランの提案

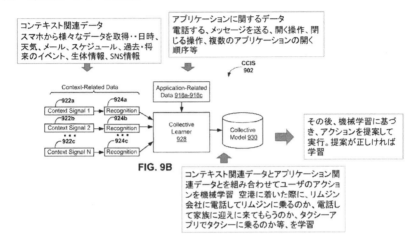

　スマホは数々のデータを取得することができる。一つにはコンテキスト関連データがある。例えば、日時、天気、Gメール・LINE等のメールの内容、スケジュール、過去・将来のイベント、脈拍等の生体情報、Facebook等のSNS情報等である。

　その一方で、アプリケーションの操作に関するデータも取得することができる。例えば、電話する、メッセージを開く・閉じる、複数のアプリケーションの開く順序等である。ここで、感のよい読者は気付かれたのではないであろうか。これら大量のコンテキスト関連データとアプリケーションに関するデータについての関連性をAIにより分析することができるのではないか、ということである。

　本特許では、Collective Learner928がコンテキスト関連データとアプリケーション関連データとを組み合わせてユーザのアクションを機械学習するのである。空港に着いた際に、リムジン会社に電話

117

してリムジンに乗るのか、電話して家族に迎えに来てもらうのか、タクシーアプリでタクシーに乗るのか等、を学習する。作成したモデルはCollective Model930に記憶される。その後、機械学習モデルに基づきアクションを実行し、当該アクションがユーザに受け入れられれば、さらにそれが教師データとなり学習が進むこととなる。

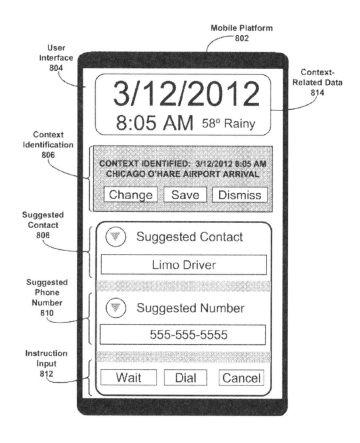

　上図は、スマホから取得したデータにより、シカゴオヘア空港に到着したことを特定した後に表示される画面例である。まず、この

空港到着の認識が、正しいか否かのフィードバックをユーザから受け付けて学習する。

次いで、空港からの移動手段を提案する。例えば、リムジンを呼ぶ、家族への電話、タクシーを呼ぶ、バスの案内等である。

本例ではコンテキスト関連データの内容に基づき、アプリでリムジン会社へ電話連絡することを提案するとともに、リムジン会社への電話番号が表示されている。ユーザは、「Wait」、「Dial」、「Cancel」のいずれかを選択することができる。

「Dial」の場合、当該提案が正しいとして学習が進むであろう。「Wait」の場合、少し待ってから再提案が行われる。この場合、「Dial」を選択した場合と比較して、正解の重みが低く設定される。「Cancel」であれば提案が不適切であるとして学習が進むこととなる。

本例ではリムジンを呼ぶこととしたが、コンテキスト関連データの時間データ・営業時間データに基づき、リムジンが早朝で運営を開始していない場合、ランクが下がり、家族への電話が提案される。

(ⅱ) アルバム及び写真タイトルのAI提案
次に、スマホで撮影した写真、及び、写真をまとめたアルバムのタイトルを提案するアイデアを紹介する。

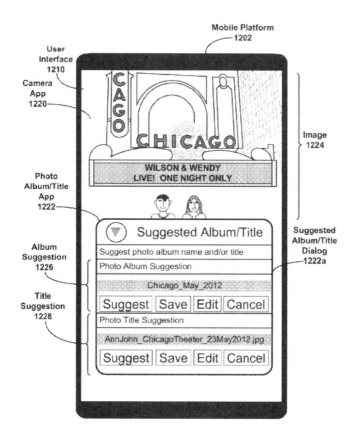

　スマホで撮影した写真のアルバム、写真タイトルを画像認識等により提案し、ユーザからのフィードバックを経て機械学習を行うものである。アルバム/タイトルアプリを起動すると、撮影時の位置データ、日時、顔認識、写真内の物体認識を行う。認識結果に基づき、写真のアルバム名及び写真のタイトルが提案される。

　上図の例ではアルバム名として「Chicago_May_2012」が提案されている。またタイトルとして「AnnJohn_Chicago Theater_23

May 2012.jpg」が提案されている。

　応用アイデアとしてさらに、認識したユーザのメール、SNS等を分析して、写真のアルバム名及びタイトルが提案される。

　ここで、複数のタイトルT１、T２、T３が提案され、ユーザはT２を選択したとする。この場合、タイトルT２が教師データとなって学習が進むこととなる。また直ちに「Save」ボタンが選択された場合、しばらく迷ってから「Save」ボタンが選択された場合よりも重みづけを高く設定する。

　また「Edit」ボタンが操作され、ユーザにより適切なタイトルが入力された場合、新たな教師データとして学習が更に行われる。

(ⅲ)　WiFiネットワークの機械学習
　本特許は、WiFiネットワークの機械学習を行うものである。ユーザにより多地点を移動することになるスマホを通じて街中に存在するWiFiネットワークに関するパラメータを収集する。

　下記図に示すように、WiFiネットワークの地点、速度、日時、信号強度、ネットワーク名、滞在時間、結果等を収集し、DBに記憶する。地点Aでは、WiFiネットワーク圏外であるため、結果がNOと記憶されている。地点Bでは、ネットワーク名「ApBer Net」での使用が可能である。

　多くのユーザのスマホを通じて、各地点A〜Gでの結果を機械学習モデルに入力し学習させる。

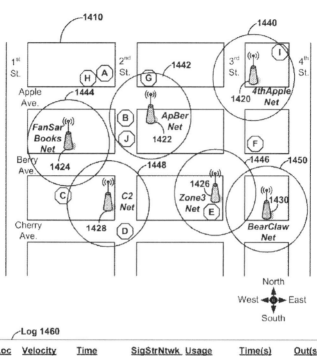

　学習が進めば、ある地点にスマホが入った場合、WiFiネットワーク内であるかを事前に判断することができる。学習モデルの出力により、WiFiネットワークに存在しないとの出力がなされた場合、WiFiサーチを実行しない。これによりWiFiサーチに伴うバッテリーの消費を防止することができる。

　例えば、地点Hでは、WiFiネットワークなしと予測でき、WiFi

サーチを省略し、エネルギーをセーブすることができる。

地点Ｉでは、予測不可と判断し、学習用のデータ収集を行う。

地点Ｊでは、地点Ｂに近いためApBer Netに接続可能と判断し、WiFiサーチを実行して接続する。

(3) **加速度計データに基づくアプリケーションのアクティブ化**
　　特許権者　　Google
　　特許番号　　US8,464,036
　　出願日　　2011年10月20日
　　公開日　　2013年６月11日

スマホに内蔵された３軸加速度センサにより、生活行動を監視し、機械学習を行い適切なアプリを起動するアイデアである。

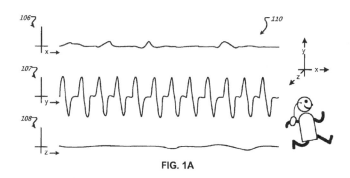

FIG. 1A

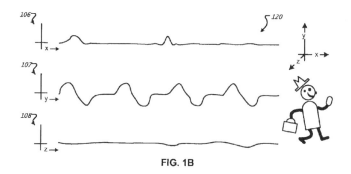

FIG. 1B

上図では、スマホを有するユーザは朝起きてジョギングをしている。スマホは加速度センサの時間的変化からジョギング中であることがわかる。次いでユーザは通勤するが、この際加速度センサの変化から、徒歩にて駅に向かっていることがわかる。

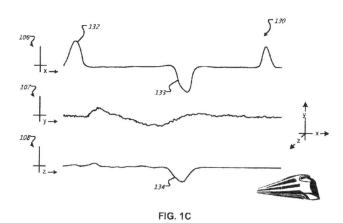

FIG. 1C

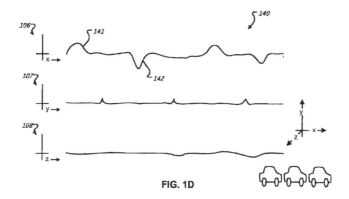

FIG. 1D

上のFIG. 1Cは電車の動きであり、FIG. 1Dは自動車の動きを示している。

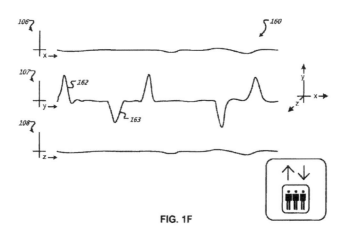

FIG. 1F

また上のFIG. 1Fは、エレベータにて移動中であることがわかる。このように、3軸加速度センサにより、ユーザの行動を把握することができる。

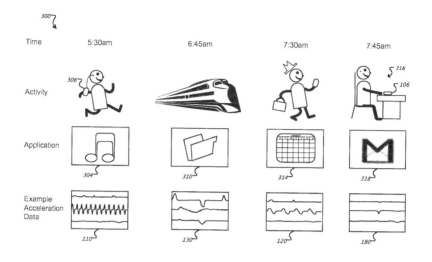

　ここでスマホは加速度センサの変化から、行動を特定し、その際起動しているアプリを対応付けて記憶する。このユーザは午前5時30分の時点でジョギングをしており、その際音楽再生アプリ304を起動していることがわかる。

　次いで、ユーザは午前6時45分に電車に乗り、会社資料を記憶したフォルダ310内のファイルを閲覧している。午前7時30分頃ユーザは会社に到着し、スケジューラ314を起動し本日の会議内容を確認する。最終的に午前7時45分に会社に到着し、G-Mail318を起動していることがわかる。勘の良い読者はもう気付いたのではないだろうか。加速度センサにより特定したユーザの行動と、起動するアプリとをセットとする教師データにより学習モデルを作成すればよいのである。

　図5-7の例では、学習モデル514で学習が行われる。

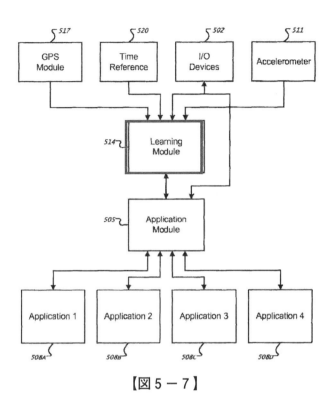

【図5-7】

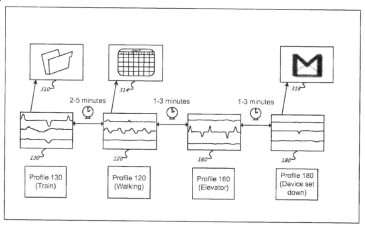

【図5－8】

　学習モデルが完成すれば、加速度センサの出力を学習済みのモデルに入力することで、適切なアプリが起動される。図5－8の例では、電車に乗っていると判断した場合フォルダを開き、その後歩いていると判断した場合、スケジューラを起動し、そしてデバイスのセット後G-Mailを起動する。

(4)　ロボット把持のための深層機械学習方法および装置
　　出願人　Google
　　特許公開番号　US2017/0252924
　　出願日　2017年3月2日
　　公開日　2017年9月7日

　ロボットにオブジェクトを把持させる際に複数種のディープラーニングを用いて、コマンドを出力させるアイデアである。本特許は

第5章 特許事例を通じて学ぶAI特許

米国で非常に注目されているため本書にて技術内容を解説する。

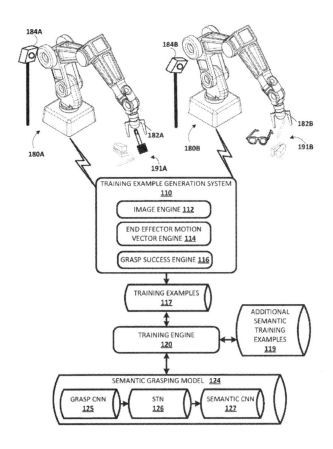

様々なオブジェクト191A（ハサミ、トーチ、メガネ、消しゴム等）を、エンドエフェクタ（ロボットのハンド部分）182Aを用いて把持する把持ロボット180Aの近辺には撮像装置184Aが設けられている。

撮像装置184Aで得られた画像データ及びロボットの動きベクトルは、学習済みの把持畳み込みニューラルネットワークCNN125へ

129

入力され、空間変換パラメータ及び把持成功尺度が算出される。その後、空間変換パラメータが空間変換ネットワークSTN（Spatial Transformer Network）126に入力され空間変換され、空間変換が意味論的畳み込みニューラルネットワークSemantic CNN127へ入力され、オブジェクト意味特徴（オブジェクト分類等）が出力される。最終的に把持成功尺度とオブジェクト意味特徴が空間変換内に存在するか否かの尺度に基づき動きベクトルが決定される。

以下詳細な処理の流れを説明する。

最初に、ロボットの把持エンドエフェクタを現在のポーズから追加のポーズに移動させる動きを定義する候補エンドエフェクタ動きベクトルを生成する。また、撮像装置によってキャプチャされたロボットの環境内の把持エンドエフェクタおよびオブジェクトを含む現在の画像を特定する。

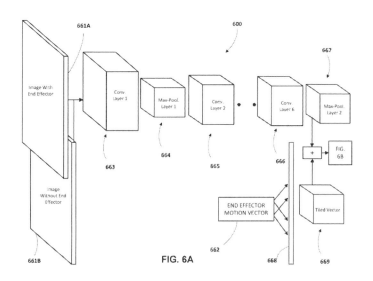

そして、キャプチャしたエンドエフェクタの画像及びエンドエフェクタを有さない画像を、畳み込み層及びプーリング層（663-667）に入力する。候補エンドエフェクタ動きベクトル662は全結合層668に入力される。候補エンドエフェクタの全結合層の出力と、プーリング層の画像データは結合される。

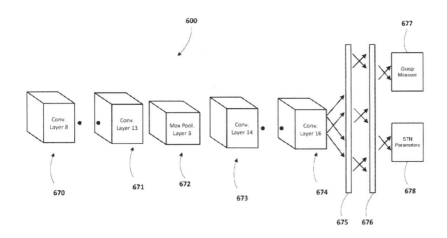

　結合されたデータは畳み込みニューラルネットワークへ入力され（670-676）、オブジェクトの成功把持尺度677及び空間変換パラメータ678が生成される。

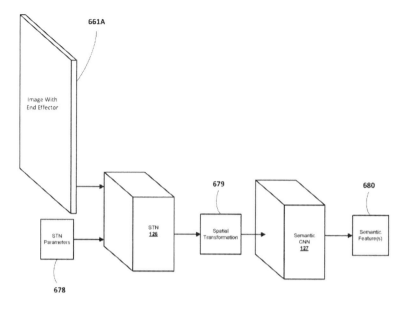

FIG. 6C

さらに現在の画像661Aと求めた空間変換パラメータ678が空間変換ネットワークSTN126に入力され、空間変換される。空間変換679が意味的畳み込みニューラルネットワーク127への入力とされる。空間変換に基づく意味論的畳み込みニューラルネットワーク127を介して、所望のオブジェクト意味特徴（オブジェクト分類等）680が空間変換に存在するかどうかを示す追加尺度が生成される。

そして、成功把握尺度677と所望のオブジェクト意味特徴680が存在するかどうかを示す追加尺度とに基づいてエンドエフェクタコマンドを生成する。例えば、尺度に関し値が高い場合（例えば0.9以上）は、把持コマンドを生成する。一方、尺度に関する値が閾値より小さい場合、把持の代わりに軌道補正を行う動作コマンドを生成

第5章　特許事例を通じて学ぶAI特許

する（例えば、グリップエンドエフェクタを少なくともXメートル移動させる）。

　本特許のクレーム内容及び明細書の記載内容は非常に参考となる。下記に独立クレーム１、15及び19のみ参考訳を記載しておく。

１．１つまたは複数のプロセッサによって実装される方法であって、

　ロボットの把持エンドエフェクタを現在のポーズから追加のポーズに移動させる動きを定義する候補エンドエフェクタ動きベクトルを生成するステップと、

　ロボットに関連する視覚センサによってキャプチャされたロボットの環境内の把持エンドエフェクタおよび少なくとも１つのオブジェクトを含む現在の画像を特定するステップと、

　現在の画像および候補エンドエフェクタ動きベクトルを訓練された把持畳み込みニューラルネットワークに入力として適用するステップと、

　訓練された把持畳み込みニューラルネットワークを通じて、画像及びエンドエフェクタ動きベクトルの訓練された把持畳み込みニューラルネットワークへの適用に基づいて、動きの適用によるオブジェクトの成功把持尺度を生成するステップと、

　所望のオブジェクト意味特徴を特定するステップと、

　意味的畳み込みニューラルネットワークへの入力として、現在の画像または視覚センサによって捕捉された追加の画像の空間変換を適用するステップと、

　空間変換に基づいて意味論的畳み込みニューラルネットワークを介して、所望のオブジェクト意味特徴が空間変換に存在するかどう

133

かを示す追加尺度を生成するステップと、

　成功把握尺度と所望のオブジェクト意味特徴が存在するかどうかを示す追加尺度とに基づいてエンドエフェクタコマンドを生成するステップと、

　エンドエフェクタコマンドをロボットの1つ以上のアクチュエータに提供するステップとを含む。

15.　1つまたは複数のプロセッサによって実装される方法であって、

　ロボットに関連する視覚センサによって取り込まれた現在の画像を識別するステップと、

　把持畳み込みニューラルネットワークへの現在の画像の適用に基づく畳み込みニューラルネットワークを通じて、ロボットの把持エンドエフェクタによる現在の画像内に捕捉された物体の成功把持尺度、及び、空間変換パラメータを生成し、

　空間変換ネットワーク上で、空間変換パラメータに基づいて空間変換を生成するステップとを含み、空間変換は現在の画像または視覚センサによって捕捉された追加画像であり、

　意味的畳み込みニューラルネットワークへの入力として空間変換を適用するステップと、

　空間変換に基づく意味論的畳み込みニューラルネットワークを介して、所望のオブジェクト意味的特徴が空間変換に存在するかどうかを示す追加の尺度を生成するステップと、

　前記尺度と前記追加尺度に基づいてエンドエフェクタコマンドを生成するステップと、

　エンドエフェクタコマンドをロボットの1つ以上のアクチュエータに提供するステップとを含む。

134

19. システムにおいて、

環境を見る視覚センサと、

1つ以上の非一時的なコンピュータ可読媒体に格納された意味的把握モデルと、

以下のように構成される少なくとも1つのプロセッサとを備える：

前記視覚センサによって取り込まれた現在の画像を識別し、

前記現在の画像を一部に適用することに基づいて前記意味把握モデルの一部を通じて、ロボットの把持エンドエフェクタによる現在の画像内に捕捉された物体の成功把持尺度、および、空間変換パラメータを生成し、

前記空間変換パラメータに基づいて、前記現在の画像の空間変換を生成し、

意味的把握モデルの追加部分に入力として空間変換を適用し、

前記空間変換に基づく前記追加部分にわたって、所望のオブジェクト意味的特徴が前記空間変換に存在するかどうかを示す追加の尺度を生成し、

前記尺度と前記追加の尺度に基づいてエンドエフェクタコマンドを生成し、

エンドエフェクタコマンドを提供する。

5．マイクロソフトのAI特許

出願人　マイクロソフト

特許公開番号　US2015/0278358

出願日　2014年4月1日

公開日　2015年10月1日

検索結果表示の学習方法と称する特許出願であり、Webサイト及びローカルコンピュータ内で検索した結果をユーザの興味ある順に優先的に学習して表示するアイデアである。

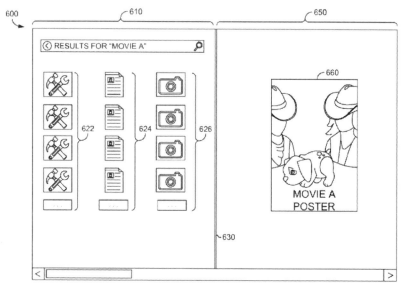

FIG. 6.

　検索キーワードに対する検索結果が上図用に表示される。左側ウィンドウはローカルコンピュータ内の検査結果であり関連する設定ファイル、文書ファイル、画像ファイルが表示されている。また右側のウィンドウにはWebの検索結果画像が表示されている。

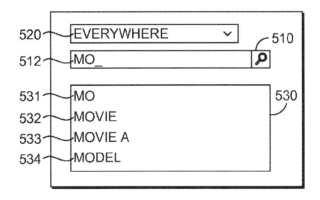

　520欄ではローカルコンピュータ内を検索するのか、インターネット検索を行うのか、または、双方の検索を行うのかを選択する。上図の例では双方の検索（EVERYWHERE）が選択されている。

　本特許では検索プレフィックス入力を行う。検索プレフィックス入力とは、検索キーワードが一文字入力されるたびに、ユーザが入力しようとするクエリサジェスチョンが表示されるものである。

　上図の例では「MOVIE A」が検索キーワードであるとする。512の検索キーワード入力欄にMOが入力されている。この段階でクエリサジェスチョンとして、MO、MOVIE、MOVIE A、MODELが表示されている。

　検索プレフィックスはサーバに送信される。コンピュータは、サーバからクエリサジェスチョン、及び、クエリサジェスチョン毎に構成された機械学習アルゴリズムをダウンロードする。

ここで、クエリサジェスチョン「MOVIE A」を選択したとする。クエリサジェスチョンに基づき検索を行い、検索結果群をランク付けする。クエリサジェスチョンに対応する機械学習アルゴリズムを利用して、検索結果群に対する結果群スコアを計算する。

　クエリサジェスチョンから、何の検索結果がもっともらしいかのスコアが算出される。そして、算出したスコアに応じて検索結果の表示を変更する。例えば検索結果に対しすぐにアクセスした情報のスコアが高くなり、学習が進めば進むほど、ユーザにとって重要な検索結果がより優先されて表示されることになる。

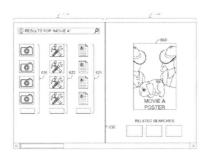 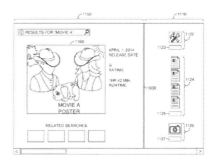

　検索結果の表示に際しては、上図のようにクエリサジェスチョンに対するスコアが高いものから優先して表示され、重要度の高い検索結果は左側に配置される。左上図は、ローカルの写真データの関連性が最も左に表示されている。一方、右上の図ではWebコンテンツの関連性が強く、ローカルコンピュータ内の検索結果よりも大きく表示されている。

6．AI発明の分類

　各社のAI特許を様々な観点から紹介した。AI特許は大きく以下の3つに分類することができる。すなわちAIアルゴリズム発明、AI利用発明、及び、AI出力発明の3つである。

⑴　**AIアルゴリズム発明**
　AIアルゴリズム発明は、畳み込みニューラルニューラルネットワークの改良、AIパラメータの分散演算、新たな機械学習アルゴリズム等、AI技術そのものの発明である。AI技術に対する各国企業の研究は盛んであり、今後もAIアルゴリズム発明の出願は増加するであろう。

AIアルゴリズム発明

AI利用発明

AI出力発明

⑵　**AI利用発明**
　ビジネス上最も重要となるのがAI利用発明である。本書でも最も多く例を挙げて紹介した。発明の本質がAIアルゴリズム自身にあるのではなく、ディープラーニング、強化学習等のAI基盤技術を利用して、自動運転分野、ロボット制御分野、医療分野、金融分野等に新たなAIアイデアを活用したことに発明の本質を見出すものである。

ある程度実施する上で必要なAIアルゴリズムを特定するだけで良く、既存のAIアルゴリズムを利用して、当該技術分野特有の課題を特有のAI技術手段により解決する発明である。非常にインパクトの大きい発明であり、競合他社に先駆けて権利取得すべき重要な発明である。

⑶　**AI出力発明**

AI出力発明は、化学・材料分野においてAI学習モデルにより出力された最適なパラメータをクレームする発明である。現段階ではこのような発明は検索できていないが、化学・材料の分野では増加するものと思われる。

例えば、深層強化学習を行い、A成分が○％～○％、B成分が○％～○％、C成分が○％～○％とするのが最も短時間で薬効がある、つまり報酬が高いとの結果が得られたとする。このAIにより出力された成分比率をクレームするのである。AIが発明者なのであろうか。

さもAIが発明したかのように見えるが、そうではない。このような深層強化学習を試行錯誤して実装したデータサイエンティストが発明者なのである。実施例には、この成分比率を出力した深層強化学習アルゴリズムについてしっかりと記載する。そして、数値範囲の臨界的意義を明らかにすべく、実験を行い数値範囲の適正さを検証し、実験結果を明細書に記載しておく。このような開発・特許取得プロセスが将来的に一般的になるかもしれない。

140

第6章

IoT＋AIによる
ビジネスモデル

第6章　IoT＋AIによるビジネスモデル

　第5章ではAI特許について解説したが、AIにとって重要なのはデータの取得である。AIによるサービスを行うためには、IoTを通じたデータを如何に顧客の理解を得ながら取得するかがポイントとなる。以下では米国のGE（General Electric）及びドイツのイグスのIoTビジネスモデル及びこれに関連する特許について解説する。

１．GE社のIoT・AIビジネスモデル

(1)　ジェット機エンジンの提供を通じたIoT
　GEはボーイング社及びエアバス社等の飛行機メーカに対し、エンジンを納品している。このエンジンは従来売り切りのビジネスであり、せいぜい定期的なメンテナンス、修理依頼がある程度の事後的サービスしかできていなかった。

　第4次産業革命として、GE社はIoT化を促進し、エンジンにセンサを取り付け、飛行機メーカを飛び越えて、エンドユーザである航空会社（ユナイテッド航空、デルタ航空、全日空等）にコンサルティングサービスを始めたのである。

　例えば飛行機の着陸時のエンジンの状態をセンサにより詳細に分

143

析し、どのタイミングで着陸態勢に入り、様々な環境下どのような高度で出力を弱めれば、燃料を最適化できるかを、航空会社にアドバイスするのである。

　当然センサの取り付けは製品コストの上昇を招き、コンサルティングサービスも別途費用が掛かる。GEの航空会社へのアプローチはこうである。「エンジンを通じたコンサルティングサービスにより、御社の燃料費を年間○○％カットすることをコミットします。」

　多少導入費用が掛かろうが、燃料費低減は航空会社にとっては魅力的である。センサを通じて位置データも取得することができる。飛行機エンジンにとって海上からの塩は天敵である。「羽田・伊丹便」と、「羽田・サンフランシスコ便」とでは、エンジンが受ける塩のダメージは大きく相違する。

　以前はエンジンがどこを飛んでいるか把握できなかったが、IoT化により、より傷みやすい羽田・サンフランシスコ便のエンジンには、より早いメンテナンスを提案することができる。

　そして、問題となるのが、データ取得である。顧客の飛行機からセンサデータを取得することが困難な場合がある。GEは、この問題を解消すべく、飛行機を丸ごと買い取り、航空会社にリースする方式を採用した。これであれば飛行機から得られるデータは所有者であるGEが堂々と取得することができる。非常に巧みなIoTビジネス戦略である。

　近年では航空会社へのサービスに加えて、管制塔・飛行場運営会

144

社にも得られた飛行機からのデータに基づき各種サービスを展開するに至っている。このGEのIoTビジネスモデルは非常に参考となる。

(2) GEのIoT関連特許

GEは飛行機のIoT関連特許について米国のみならず諸外国に数多く出願している。以下に概要を説明する。

(i) 飛行管理のためのシステムおよび方法
米国公開番号　US2014/0018980

様々な気象条件を考慮して飛行経路・高度を含めて航空機飛行制御を管理するアイデアである。

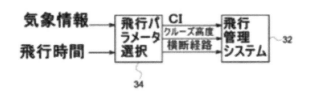

(ii) ブレードの健康を監視するための方法およびシステム
米国特許番号　US9250153

ブレード通過信号（BPS）に基づいて、複数のブレードに対応する予備電圧を決定し、1つまたは複数の動作パラメータの影響について予備電圧を正規化することによって複数のクリアランス値を生成する。生成したクリアランス値に基づきブレードの健康状態を監視するアイデアである。

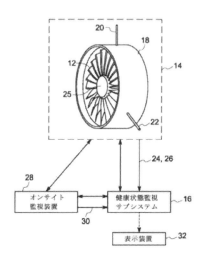

(ⅲ) エンジンの動力を管理するための方法およびシステム
米国特許番号US9002615
　予測に基づいて最適なエンジン運転状態を予測し、予測に基づいて最適なエンジン出力管理を決定し、所望の最適化目標に対する条件付き最適化を解き、かつ、最適なエンジン出力を管理するアイデアである。

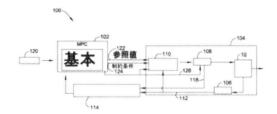

(3) GEのAI特許
　GEは各センサから収集したビッグデータをAIにより分析する特許も数多く出願している。以下にGEのAI特許の概要を説明する。

(i) GEの施設・機器攻撃対策AI特許
　出願人　GE
　公開番号　US 20170310690
　出願日　2016年4月25日
　公開日　2017年10月26日

　IoT機器もインターネットに接続されることから、IoT機器に対するハッキングも増加している。IoT機器となった監視カメラ、コネクテッドカー等がハッキングされるという問題が生じている。下記写真[29]に示すJeepが外部からのハッキングが可能であると指摘されリコール対象となったことは記憶に新しい。

　同様にIoT化を進める工場内に設置される制御機器、センサ機器に対する攻撃も増加している。2010年6月には、Stuxnet（スタンクスネット）攻撃により、イランの核施設が攻撃された。Stuxnetは、Windows上で動作するコンピュータワームである。この攻撃では、ウラン濃縮用遠心分離機が標的となり、これを制御するPLC

---

[29] 日刊工業新聞HPより2018年1月7日　https://www.nikkan.co.jp/articles/view/00396292

（Programmable Logic Controller）が乗っ取られ、稼働不能となった。

パワータービン、自動車、ジェットエンジン等のIoT機器は、インターネットに接続されることから、本特許ではAIにより脅威を検出しようとするものである。

下記図に示すように、コントローラ・アクチュエータ610、センサ630のデータを監視し、脅威を検出する

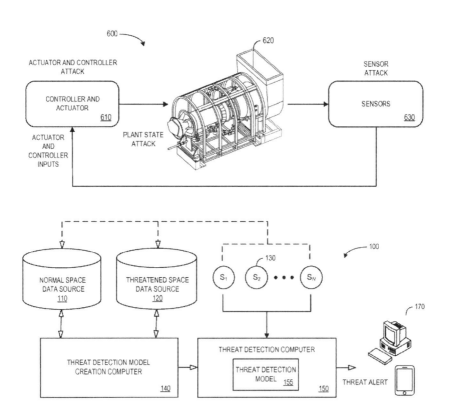

脅威ノードS（センサ・コントローラ）の時系列データを取得する。

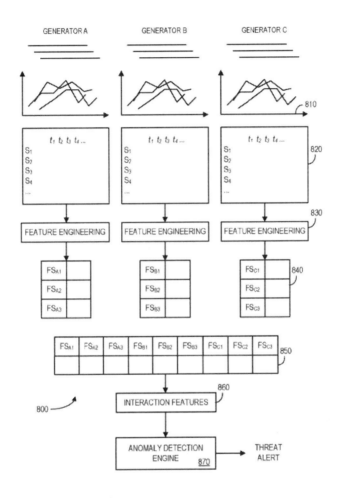

脅威ノードSは、正常、ハッキング、劣化に分類される。本特許では、データを取得しておき学習モデルを生成しておく。

コンピュータは、時系列データ(820)から特徴量を抽出する(830)。そして、特徴量から特徴ベクトルを生成する(840)。次いで、複数の脅威ノードの相互作用特徴を生成する(850)。最後に、下記図に示すように、生成した相互作用特徴とモデルの決定境界と比較し、異常があれば警告する(870)。例えば決定境界は下図のように球状に設定され、この境界を越えた場合に異常と判断する。

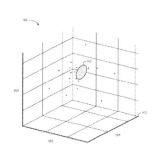 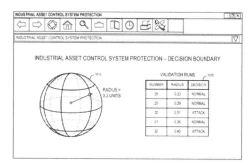

(ii)　溶接部の検査システム
　　　出願人　　GE
　　　公開番号　US2017/0151634
　　　出願日　　2015年12月1日
　　　公開日　　2017年6月1日

第6章 IoT＋AIによるビジネスモデル

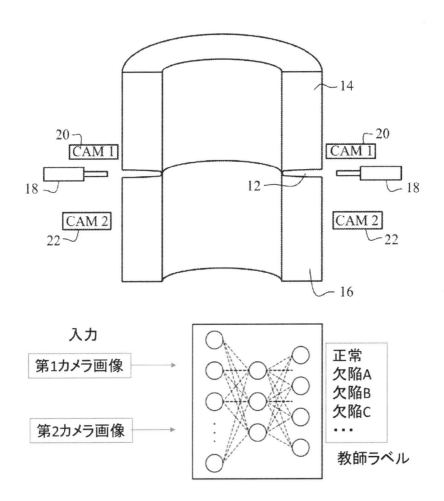

　本特許では、溶接工程の上流工程、下流工程の２つに設けたカメラにより撮影し、撮影画像に基づき学習モデルを生成するアイデアである。

　第１カメラ20を溶接エリアに設け、溶接状態を撮影する。トーチ18付近に設けるため第１カメラ20は耐熱性を有する構造とする。第

2カメラ22は溶接後の溶接形状を撮影する。

　学習段階においては、溶接の成功/欠陥を記憶する。そして撮影画像から欠陥形状をパラメータ化する。欠陥には、欠陥の大きさ、種類（穴、巻き込み、融合不良など）がある。大量の教師データを与えることにより、ニューラルネットワーク内のパラメータが最適化されていく。

　学習が終われば、訓練済みの学習モデルを用いた運用が行われる。

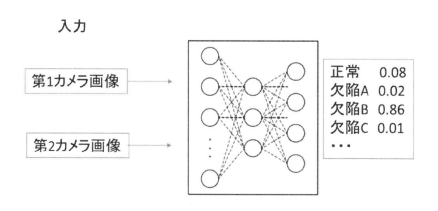

　第1カメラから取得した第1カメラ画像と、下流の第2カメラから取得した第2カメラ画像とを学習モデルに入力する。そうすると、出力層から、正常、欠陥A、欠陥B、欠陥C・・・の確からしさの値が出力される。上図の例では欠陥Bであることが理解できる。

本特許では設置位置・撮影対象の異なる複数のカメラを用いて、溶接分野の学習モデルについて権利化しようとしている点がポイントである。

２．独イグスのIoT戦略

(1) イグスのIoTサービス

ドイツではインダストリアル4.0と称して国を挙げてIoT化を進めている。とりわけ工場内のIoT化、通信規格の標準化を積極的に進めている。以下に紹介する独イグス社は主にケーブルを取りまとめるケーブル保護管[30]を主力製品としている。

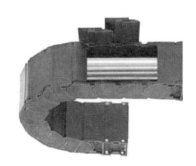

このようなケーブル保護管に関してはIoTとは無関係のようにも思える。以前は、ケーブル保護管を顧客工場に納品し、ケーブル保護管が故障、または、劣化した場合に、顧客から連絡を受けて保守・交換していたに過ぎなかった。

30　イグス社HPより2018年3月21日　https://www.igus.co.jp/wpck/1769/overview_E2R100

イグス社はこのケーブル保護管に関しIoT化を図るため様々な工夫を凝らした。ケーブル保護管も使用頻度、使用環境により劣化の程度が異なる。例えば塗装ロボットのケーブル保護管であれば、塗装工程・乾燥工程の影響により劣化も激しくなる。

　イグス社は下記図[31]に示すようにこのプラスチックケーブル保護管に様々なセンサを取り付け、IoTサービスを実現した。

【図6－1】

31　イグス社HPより2017年11月25日　https://www.igus.co.jp/energychains

図6-1のように保護管にセンサを取り付け、ケーブルの撓み、摩耗を自ら検知し、通信手段を用いて交換時期を通知するものである。ケーブル保護管は移動により波打って移動することとなる。この波の高さの時間的変化を監視し、劣化・故障に伴う通常と異なる変化を検出する。また。ケーブル保護管をガイドするレール上にも一定間隔でセンサを配置する。このセンサ間の移動速度の変化を検出し、例えば速度が急激に低下するなどの変化を検出し、サーバに通知する。

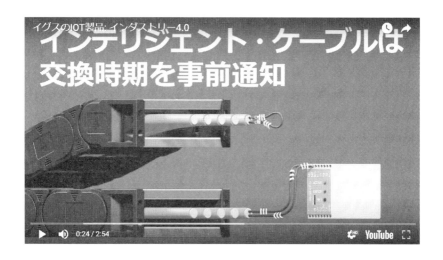

通常ケーブル保護管内部には顧客のケーブルを収納するが、イグスはこの保護管内部にインテリジェント・ケーブルと称する特殊なセンシング機能を有するセンサケーブルを設けた。このセンサケーブルはストレッチ性を有し、伸縮の変化に基づきケーブル保護管の異常を早期に検出する。

　そしてこのように多く設けたセンサを活用し、工場内で、担当者がケーブル保護管の状態を監視できるようにしたものである。工場内のディスプレイ、顧客端末にはケーブル保護管の状態がリアルタイムで表示され、問題が生じた場合は、すぐに修理依頼を行うことができる。

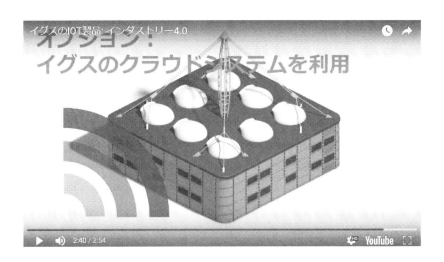

第6章　IoT＋AIによるビジネスモデル

　さらにオプションとして、工場内のデータをイグスへ送信することでクラウドサーバを通じたサービス提供を受けることができる。

(2)　イグスのIoT特許

　上述したインテリジェント・ケーブルに対応する特許を紹介する。

出願人

公開番号　WO2015/118143

出願日　2015年2月9日

公開日　2015年8月13日

　「ドラッグチェーンおよびライン破壊に対する保護のためのモニタシステム」と称する発明であり、ライン破壊に対する付加的な保護を有するエネルギーガイドチェーン12について出願している。

　エネルギーガイドチェーン12はケーブル、ホースなどのような一つまたはそれ以上のラインを案内するためのリンク20またはセグメントを有し、これらリンク20またはセグメントは互いに角度をなして、方向変化湾曲部28を形成している。

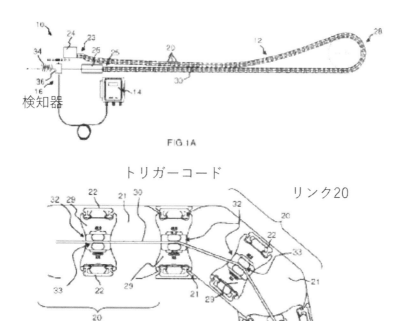

　保護手段はエネルギーガイドチェーン12をモニタする検知器16を有する。この検知器16は低ストレッチのトリガコード30（インテリジェント・ケーブル）に機械動作的に結合し、かつトリガコード30の動的パラメータの変化を検知する。

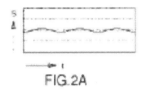
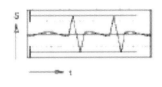

　そして、トリガコード30の動的パラメータの変化を検知する。上図左側は正常時に検出される出力波形である。一方上図右側は異常時に検出される出力波形である。右側のグラフでは異常に伴うピークが発生していることが理解できる。このように、センサ36中の破壊は動的パラメータの変化によって適時に検知することができ、ケーブル、ホースをライン破壊から保護することが可能となる。

3．IoTビジネスとAIビジネスとの融合

⑴　IoT×AIビジネス
　上述したように工場、自動車・飛行機等への製品に通信機能を有するセンサを取り付けることで、顧客にIoTサービスを提供することができる。製品の故障検出・消耗品の提供等、製品単独ではできない付加価値の高いサービスを提供することができる。GEが行ったように、1次顧客である航空会社に新たなサービスを提供することができるほか、さらに今まで接点のなかった空港会社・管制塔等の2次顧客にもサービスを提供できるため、IoT導入に伴うメリットは非常に大きいといえる。

　このIoTサービスに加えてAIサービスをも提供することができる。IoTデバイスから収集したデータに基づき、AIを利用して、最適使用方法の提案、故障時期の予測、消耗品の提供時期の予測等を行うことができる。その他、工場またはIoTデバイスに学習済みの学習モデルを有償にて販売する他、いったん導入した学習モデルのパラメータをアップデートするサービスをも提供することができる。この点については以下に詳細を説明する。

(2) AI学習済みモデルを利用したビジネスモデル

　多くのデータを用い、また適切なAI設計により完成した学習モデルはそれ自体が価値を有するものである。この生成された学習モデルを用いたビジネスモデルも検討する必要がある。

第6章　IoT＋AIによるビジネスモデル

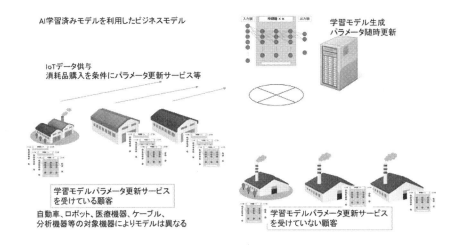

　上図では、左側に学習モデルの更新サービスを受ける工場と、右側に学習モデルの更新を受けない工場とを対比して示している。右側の顧客は学習モデルに基づき工場を運営しているが、学習モデルの更新が行われない契約となっている。

　一方、左側の顧客はIoTデータのサービス提供者側（サーバ）への供与、あるいは、消耗品購入を条件に、学習モデルのパラメータ更新サービスを受ける契約となっている。サービス提供者側にとって、顧客から得られるデータは非常に重要である。サービス提供者側は取得したデータに基づき、さらに学習を行い、学習モデルのパラメータを更新することができる。

　そしてより学習が進んだ学習モデルのパラメータを、本サービスの提供を受ける工場のコンピュータに配信することができる。学習モデルの更新を受けている工場の方が、いつまでも古い学習モデルを使用する工場よりも生産性が高くなることは明らかである。

このような学習モデルサービスの差別化アイデアも権利化の余地
はある。その他、このようなビジネスモデルは自動車、ロボット、
医療機器、ケーブル、または分析機器等対象により相違することか
ら、各分野ならではの特徴を追加することにより様々な形態で権利
化できるであろう。

4．出願すべきIoTと出願優先度の低いIoT

企業がIoT関連アイデアについて特許出願を行う場合、出願すべ
きIoTアイデアと、出願優先度の低いIoTアイデアとがある。以下
ではどのような基準により出願の優先度を決定すればよいか解説す
る。

⑴　積極的に出願すべきIoT

様々な顧客にIoT×AIサービスを提供する場合は、技術内容が第
三者にとっても明らかになることから、積極的に出願すべきであ
る。例えばIoTコインランドリーを例にとって考えてみる。

コインランドリービジネスは、コイン詰まりの問題、釣銭切れの
問題、洗濯機・乾燥機の故障、フィルター交換等、数多くの問題を
抱えておりビジネスとしては容易ではなかった。

ところが、近年ではIoT化、また、電子マネーの普及により、一
気にIoTコインランドリーが普及し始めた[32]。店舗側からすれば、洗
濯機・乾燥機にセンサを取り付けて置き、遠隔監視・AI分析する

32　ITmediaオンラインHP「IoTで「コインランドリー」はどう変わる？」2018年4月13日
　　http://www.itmedia.co.jp/business/articles/1710/05/news122.html

ことで、稼働状況の把握、故障発生の未然防止、トラブル時の迅速な対応が可能となる。

またユーザにとっても自宅にいながらコインランドリーの空き状況を把握でき、以前のようにコインランドリーに行ったものの全て使用中でがっかりするということにはならない。また洗濯物を放り込んでおけば、洗濯終了時間もスマホで把握することができる。

さらに、困るのが少し取り出しに遅れた場合、他人が勝手に洗濯物を乾燥機から取り出して放置してしまうことである。このように取り出しに間に合わない場合でも、ユーザは延長料の支払いを条件に、スマホで乾燥機をロックすることできる。このようなIoTサービスでは、ほぼ全てのサービスが第三者にとって特定可能であることから、様々な面から特許出願すべきといえる。

このような顧客向けのソリューションサービス特許は、全体的な方法、サービス提供側の装置、顧客端末のアプリケーション、GUIを含め徹底的に権利化する。また当然ではあるが、IoT機器間通信に関わる標準特許は積極的に出願しなければならない。

(2)　出願優先度の低いIoT
　一方、自社工場内の生産管理のためのIoTシステムの場合、または、複数拠点にある自社工場の生産管理のためのIoTシステムについては、出願優先度は低い。自社内での実施行為であるため特許権侵害の特定が困難であり、第三者から特許権侵害と主張されるリスクは低い。逆に自社内の生産・管理ノウハウを公開してしまい、第三者に模倣される危険性もある。しかも模倣されたとしても、その事実を立証することは困難である。

　ではそのような技術は完全に出願しなければよいと考えるのは危険である。第三者が同様の技術について特許出願し、権利を取得してしまうリスクがある。もちろん当該特許を取得した特許権者が、特許権侵害を立証することは同様に困難であるが、特許権侵害を知りながら侵害行為を継続することはコンプライアンス上問題となる。

第6章　IoT＋AIによるビジネスモデル

　またこの工場内のIoT技術は、海外の生産現場においても導入されることが多い。外国、特に中国は転職社会であるため、工場内のIoT技術・ノウハウが転職者と共に競合他社に流出することも想定しなければならない。

　以上のことから自社工場内のIoT技術に関しては以上述べたリスクを考慮した上で特許出願の必要性を検討しなければならない。

　なお、Amazonのように、自社技術をWeb等でアピールする場合、公表前に特許出願しておく必要がある。

　例えば5章3の欄で述べたAmazonのロボットハンドの特許に関しては、Amazonの倉庫内で実施されている技術であるため、出願の優先度は低いといえる。しかしながら、Amazonは上図のようにYouTube等を通じて自社技術を公開している。このような場合、例外的に特許出願は必須となる。

5．IoT×AI特許取得のポイント

　各社のIoT及びAIに関連する特許を多数紹介した。読者の皆様は

およそのコツ、自社技術へ適用するにはどうすればよいか等のポイントをつかんだのではないだろうか。以下に、IoT×AI特許取得のポイントを解説する。

(1) ビジネスモデルとIoTサービス

　IoTソリューション特許は、ビジネスモデル特許に類似しているところがある。よくビジネスモデルは特許をとれるのですかという質問を受ける。ビジネス方法そのものは権利取得できないが、自然法則を利用、つまりハードウェアが絡んでいれば特許法第2条第1項に規定する法上の発明に該当する。

特許法第2条第1項
　この法律で「発明」とは、自然法則を利用した技術的思想の創作のうち高度のものをいう。

　例えば、回転ずしのビジネスモデルを権利化したい、と依頼者から相談を受けた場合、どのようにすればよいであろうか。「寿司を顧客の前で回転させ、顧客に回転するすしを取らせて食させる回転ずしの提供方法」とする発明は残念ながら特許を受けることができない。

　このようにビジネスの方法そのものは権利化できない。しかしながら回転寿司ビジネスを行う上で必須の回転寿司用ベルトコンベアを権利化すれば、間接的に回転ずしのビジネスモデルを押さえることができるのである。

　IoT、AIソリューションビジネスも同様である。ビジネスそのも

166

第6章　IoT＋AIによるビジネスモデル

のは権利化できないが、IoT、AIであれば必ずセンサ、コンピュータ、スマホといったハードウェアを使用するはずである。そうすると回転寿司と同じように、これらハードウェアを適宜絡めることでIoTビジネスソリューションも特許法による保護を受けることができるのである。これは、画像処理、言語処理、ロボット制御、FinTech分野、ありとあらゆる分野に共通して言えることである。

(2)　新規性と進歩性

　特許になるか否かは原則として2つの特許要件を満たす必要がある。一つは新規性、2つ目は進歩性である。

　新規性は、特許請求の範囲（特許として権利を求める範囲）に記載した発明が、すでに刊行物（特許文献、論文、雑誌等）に記載された発明と同じである場合に、特許を付与しないというものである（特許法第29条第1項各号）。既存技術と同じ技術に独占排他権たる特許権を付与するのは妥当でないからである。

　進歩性は、新規性はあるものの、新規性のない発明から見て、容易に考えられるもの、つまり新規性のない発明に毛が生えたようなアイデアには特許を付与しないというものである（特許法第29条第2項）。容易に考えられるか否かは、非常にアナログ的な判断基準であり、特許庁審査官のパーソナリティに依存するところが多い。多くの場合、この進歩性違反が審査官から通知される。その際、意見書及び補正書を提出して反論するのである。

　つまり、特許が成立するか否かは出願日より先に同様の公開技術が存在するか否かしか判断されないのである。技術内容がハイテク

である必要はない。いかにノーベル賞級の発明であっても１日でも前に同様のアイデアが公表されれば特許が成立せず、逆にコロンブスの卵的な簡単ではあるが誰もが気づいていなかった技術については特許が成立するのである。

　AI特許についても同様のことがいえる。ディープラーニング等の機械学習の基本的アルゴリズムはすでに公知のものであるが、このディープラーニング技術を適用する分野が新しく、その分野ならではの工夫が組み込まれていれば特許が成立するのである。

　例えば、医療分野において特定の血液検査項目データの組み合わせを入力とする、あるいは前処理された検査項目データを入力の一つとし、出力は複数の症例に対する確率を出力する学習モデルであり、教師データを与えてディープラーニングさせるアイデアであるとする。通常の血液検査項目の組み合わせでは見つからない症例を発見でき、また、血液データに対する前処理という医療分野ならではの工夫が仕込まれているため、特許を取得できる可能性は高くなる。

　大事なことは、「自社のビジネス領域のAIアイデアは競合よりも先に押さえる！」ということである。

168

第6章　IoT＋AIによるビジネスモデル

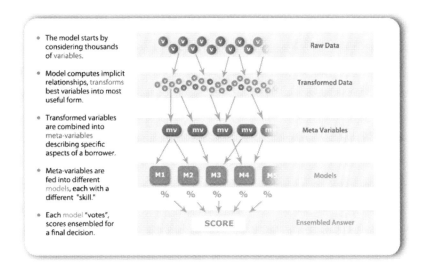

　また、学習モデルの生成に関するアイデア（例えば、ニューラルネットワーク内部で用いる関数、フィルタに関するアイデア）だけではなく、その周辺領域も特許で押さえておくと非常に有効である。例えば、第5章で説明したZest Finance特許のように、完成した学習モデルを複数種用意し、これらを適宜利用する仕組みも特許取得可能である。

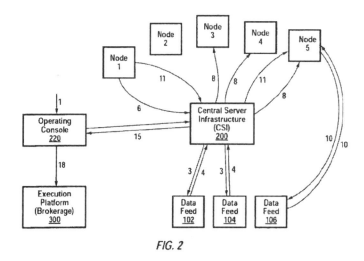

FIG. 2

　第5章で説明したSentient Technologies特許は逆の発想である。機械学習を各ノードに分散実行させ、良い学習モデルを提供したノードに報酬を付与するアイデアである。

　AI技術は顧客から得られるデータを用いて解析を行うものである。すなわちその前提にあるのはAIを用いたサービスである。従って発明したAIの基幹技術と、当該機関技術を用いたAIサービスをも併せて特許を取得することが大事である。

第7章

競合他社に効く
AI/IoT特許請求項の書き方

第7章　競合他社に効くAI/IoT特許請求項の書き方

　各章ではどのようなAI/IoTアイデアが特許になるか、各社の特許例を紹介した。それでは実際に読者の皆様が開発したAI/IoTアイデアを特許文書に落とし込む際に、どのような点に注意すべきであろうか。本章ではAI/IoT技術について競合他社に権利行使する上で優位、つまり自社ビジネスをより優位に進めることができる特許請求項の書き方を解説する。本章は特許専門家に向けた内容であるため、開発者・経営者の方は斜め読みする程度で結構である。

1．AI/IoT特許記載上の重要項目

　AI/IoT特許請求項を作成する上で注意すべき5か条は以下の通りである。

　第1条　侵害行為を常に意識しながら請求項を作成する。

　第2条　エンドユーザの行為、エンドユーザ装置を含めない請求項とする。

　第3条　侵害特定が容易な見える請求項の作成を意識する。

　第4条　一被告の行為を記載する。

　第5条　新たなカテゴリーの請求項も積極的に活用する。

⑴　**第1条　侵害行為を常に意識しながら請求項を作成する。**
　第1に侵害行為を常に意識すべき点を挙げた。特許は特許証をとるために出願するのではない。自社ビジネスを優位に進めるべく特

173

許によってAI/IoTサービスを独占し、他社参入を防ぐことが主目的である。作成した請求項によって侵害を立証できるか否か、裁判所で勝訴できるか否か、特許無効審判に耐えうる内容となっているかを常に意識する必要がある。技術的に適切に記載されていても、使えない特許は価値がないのである。AIに詳しく、かつ、特許訴訟経験が豊富な弁理士に依頼することが大事である。

(2) **第2条　エンドユーザの行為、エンドユーザ装置を含めない請求項とする。**

　日本では特許権侵害は<u>業として</u>特許発明を実施した場合に特許権侵害となる（特許法第68条）。従って、個人的・家庭的な実施となるエンドユーザの装置を直接クレームしても、特許権侵害を主張することができない。この場合、エンドユーザの装置を権利化するのではなく、エンドユーザの装置に配信するプログラムを権利化する。そうすれば、当該プログラムを配信する競合他社に効く特許が完成する。

　またエンドユーザは個人ではないが顧客である場合がある。例えば特許権を有する自動車部品メーカ a が自動車メーカ A に対しIoTサービスを提供しているとする。ここで、競合である自動車部品メーカ b が自動車メーカ B に対し本特許を模倣したサービスを開始したとする。

　この場合、自動車部品メーカ a は潜在的な顧客である自動車メーカ B に対しては、特許権侵害を主張しにくい。ここで、自動車部品メーカ a は攻撃の矛先を自動車メーカ B ではなく、自動車部品メーカ b に向けなければならないのである。自動車部品メーカ a は自動

174

車メーカに対してではなく、直接の競合である自動車部品メーカb に使える特許を確保しているか否かがキーポイントとなる。この点 は具体例を挙げて後述する。

なお、米国は「業として」の要件が特許権侵害にあたり要求され ていないため、個人ユーザの使用する権利についても積極的に権利 取得を試みてもよいであろう。

(3) 第3条　侵害特定が容易な見える請求項の作成を意識する。

外部から分析することにより特許権侵害を特定することが容易な 請求項を意識して作成すべきである。AI特許であればニューラル ネットワークの詳細なアルゴリズムを特許請求項に記載しても、ク ラウドで実行される相手方製品のアルゴリズムを特定することは困 難であろう。もちろん競合他社が本特許を見て特許権侵害とならな いよう、勝手に設計変更してくれる場合もあるが、大きな期待はで きない。

逆にAIの学習モデルへの入力データ及び出力データ、すなわち ブラックボックス部分はクレームすることなく、<u>インプットとアウ トプットだけを適切に記載する請求項</u>とすれば侵害の特定は一気に <u>容易となる</u>。競合他社のHP、製品カタログには、Aデータを用い て、種類BをAIで予測します、等の紹介が良くなされる。このよ うな場合、Aデータ及び種類Bの記載から特許権侵害を特定するこ とができる。

その他、後述するようにIoT関連ではクライアント側のアプリの 処理、GUIも積極的にクレームすべきである。サーバのクレームは

175

競合他社の所有に関わるため侵害の分析が困難である。一方スマホ等のユーザ端末にインストールされるアプリであれば、アプリを入手して特許権侵害を容易に検証することができる。また、GUI特許であれば、スマホのディスプレイを通じて特許権侵害が存在するか否かを一目で判断することができる。例えば、IoT関連特許であれば、工場内に多数存在するIoTデバイスの内、故障が判明したIoTデバイスの位置を特定しやすいよう工夫して表示するアイデア、直ぐに注文できるようなメニューを表示するアイデア等が考えられる。

⑷　**第4条　一被告の行為を記載する。**

　中国では侵害責任法に基づき、複数の被告が共同で特許権を侵害した場合、連帯して責任を負う旨規定されているが（中国侵害責任法第8条）、日本及び米国では原則として請求項に記載の発明を一被告が実施した場合に、特許権侵害が成立する。

　例えば、「Aし、Bし、Cする方法」というクレームに関し、A処理及びB処理を被告甲が実施し、C処理を被告乙が実施していた場合、方法の特許権の侵害は甲、乙共に成立しない。特にIoTサービスは、複数の当事者が関与して成立することが多い。一被告、特に競合他社一社を狙い撃ちしたクレームを作成すべきなのである。この点は判例と共に後述する。

⑸　**第5条　新たなカテゴリーの請求項も積極的に活用する。**

　AI、IoTに関する発明はこれまでの装置、方法、プログラムのクレームでは対処できないケースが増えてきた。時代が変われば、クレームの書き方も当然変わる。

第7章　競合他社に効くAI/IoT特許請求項の書き方

　ソフトウェアに関して言えば、CD、DVD等のパッケージ商品の店頭での販売形態からApp Store、Playストアを通じたアプリのダウンロード形態へと様変わりした。このような流通形態の変化を受けて平成14年に特許法が改正され「プログラム」が「物」の発明として取り扱われるようになった（特許法第2条第3項第一号）。

　2016年から2017年にかけてはIoT関連技術に関する事例が審査基準に追加され、データ、データ構造、学習済みモデル等とする請求項もプログラムに準じて保護されるようになった。

　例えば、データ構造の請求項は以下のように記載することができる（審査基準付属書第1章事例2－B）
【請求項】
　表示部、制御部及び記憶部を備えるコンピュータに用いられ、前記記憶部に記憶されるコンテンツデータのデータ構造であって、
　コンテンツデータを識別する本体IDと、
　画像データと、
　前記画像データの次に表示される画像データを含む他のコンテンツデータの本体IDを示す次コンテンツIDと、
　を含み、
　前記画像データの前記表示部による表示後、前記次コンテンツIDが示す本体IDを有する他のコンテンツデータを前記制御部が前記記憶部から取得する処理に用いられる、
　ことを特徴とする、コンテンツデータのデータ構造。

177

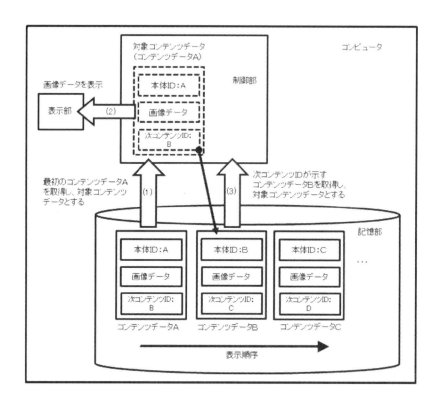

　ここで注意すべきは、データ構造（本体ID、画像データ及びコンテンツID）だけを記載しただけでは、単なる情報の提示にすぎないとして、法上の発明に該当しないということである。必ず、これらデータ構造に加えて、これらデータ構造がどのようにコンピュータにより処理されるかを示す処理内容をセットで記載しなければならない。データ構造に加えて処理内容を記載することで、プログラムに準じて保護するという趣旨に適合するからである。

　また学習済みモデルに関しては以下の通りクレームすることができる（審査基準付属書第1章事例2-14）。

第7章 競合他社に効くAI/IoT特許請求項の書き方

【請求項】

　宿泊施設の評判に関するテキストデータに基づいて、宿泊施設の評判を定量化した値を出力するよう、コンピュータを機能させるための学習済みモデルであって、

　第1のニューラルネットワークと、前記第1のニューラルネットワークからの出力が入力されるように結合された第2のニューラルネットワークとから構成され、

　前記第1のニューラルネットワークが、少なくとも1つの中間層のニューロン数が入力層のニューロン数よりも小さく且つ入力層と出力層のニューロン数が互いに同一であり各入力層への入力値と各入力層に対応する各出力層からの出力値とが等しくなるように重み付け係数が学習された特徴抽出用ニューラルネットワークのうちの入力層から中間層までで構成されたものであり、

　前記第2のニューラルネットワークの重み付け係数が、前記第1のニューラルネットワークの重み付け係数を変更することなく、学習されたものであり、

　前記第1のニューラルネットワークの入力層に入力された、宿泊施設の評判に関するテキストデータから得られる特定の単語の出現頻度に対し、前記第1及び第2のニューラルネットワークにおける前記学習済みの重み付け係数に基づく演算を行い、前記第2のニューラルネットワークの出力層から宿泊施設の評判を定量化した値を出力するよう、コンピュータを機能させるための学習済みモデル。

179

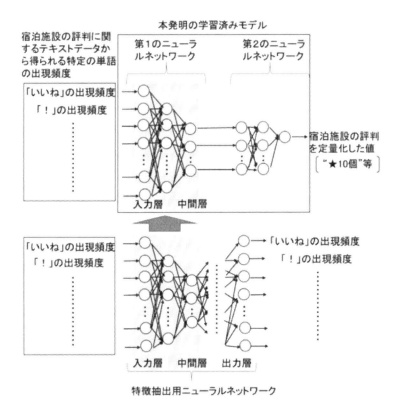

　上記請求項の例もニューラルネットワークの層構造に加えて、入出力処理が記載されているためプログラムに準じて法上の発明に該当し、保護されることとなる。

　発明の性質に応じてこれら新たなカテゴリーの請求項も積極的に作成していくべきである。

　AI関連発明においては、例えば以下のクレームを作成することができる。なお、以下ではディープラーニングを用いたAIサービ

スを権利化する例を示す。強化学習、深層強化学習等他の学習方法では異なるクレームの作りとなる。

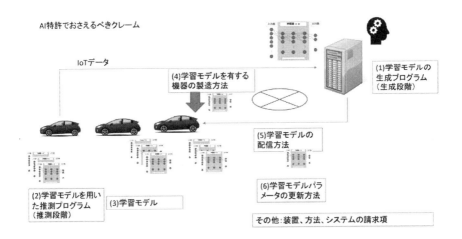

(1) 学習モデルを生成するプログラムクレーム（生成段階）

クラウドで学習モデルを生成するか、あるいは、ローカルで学習モデルを生成するかは環境に応じて定まるが、入力データ及び出力データを特定したうえで学習モデルを生成する過程を記載したプログラムクレームを作成する必要がある。

本クレームは基本クレームであり、その他の特徴、例えば前処理があれば従属クレームとして展開していけばよい。

(2) 学習モデルを用いて推測するプログラムクレーム（推測段階）

学習モデルが完成した場合、当該学習モデルは推測に用いられるはずである。この学習モデルを用いて推測する独立プログラムクレームを作成する。例えば上図の例では、自動車から取得される各種データを学習モデルに入力し、出力する処理をクレームする。

⑶　学習モデルクレーム

　審査基準の改訂により追加された学習モデルのクレームを作成する。上述した通り学習モデルの層構造に加えて自動車で実行される処理内容を追記する点がポイントである。

⑷　学習モデルを有する機器の製造方法

　学習モデルを、学習モデル非実装のIoT機器に配信し、当該学習モデルをIoT機器にインストールさせることで、学習モデルを実装するIoT機器が生成される。このような学習モデルをIoT機器に実装させるべく配信する処理は、学習モデルを有する機器の製造方法ともいえる。このような配信し、インストールさせる行為を製造方法としてクレームすることも一つの手段である。

⑸　学習モデルの配信方法

　例えば、IoT自動車から所定の対価の支払い、または、データ提供を条件に学習モデルを配信するビジネスモデルも、学習モデルの配信方法としてクレームに記載することができる。膨大な教師データにより精度よく学習させた学習モデルは価値が高い。この価値ある学習済みモデルをどのようにユーザに提供するかは、様々なビジネスモデルが存在するはずである。

⑹　学習モデルのパラメータの更新方法

　ニューラルネットワークを構成するニューロンのパラメータ（重み・バイアス）を更新するアイデアもクレームする余地がある。学習モデルは一旦提供した後も進化するはずである。

　例えば自動車であれば納車時の学習モデルは、２-３年後には古

くなっている。その際学習モデル自体を変更する場合もあれば、既存の学習モデルのパラメータのみ更新する場合もある。この(6)のクレームは後者のマイナーチェンジ時の行為をクレームするものである。

上述した例はあくまで一例であり、AI技術、AIサービスの内容に応じて柔軟な発想で各種カテゴリーのクレームを作成することが必要となる。その他、通常のソフトウェア発明と同様に「装置」、及び、「システム」クレームを生成しておくことが望ましい。

2．IoTサービスとシステムクレームの注意点

(1) 仮想事例

発明者から下記に示すIoTサービスについて、権利化したいとの相談があったとする。クレームを作成する上での注意点を解説する。

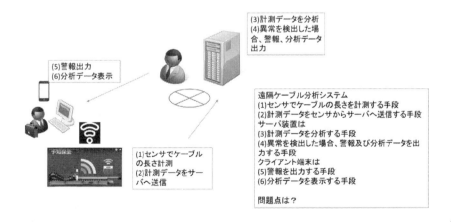

第6章で述べた独イグス社の監視IoTサービスを特許化する例を挙げる。主な手順は以下の通りである。

(1)　ケーブル保護管内部に設けたケーブルセンサで長さを計測する。

(2)　計測データをサーバへ送信する。

(3)　サーバでは計測データを分析する。

(4)　サーバは分析により異常を検出した場合、クライアントのコンピュータまたはスマホに分析データを送信する。

(5)　クライアントのスマホには警報が出力され、また画面に異常を示す分析データが表示される。

　ここで、以下のようなシステムクレームを作成したが、何が問題となるのであろうか。なお、説明を容易にするために、クレームは簡潔な記載にとどめている。

【請求項】

　遠隔ケーブル分析システムにおいて、

(1)　センサでケーブルの長さを計測する手段と、

(2)　計測データをセンサからサーバへ送信する手段とを備え、

　サーバ装置は、

(3)　センサから送信された計測データを分析する手段と、

(4)　データ分析により異常を検出した場合、警報及び分析データをクライアント端末に出力する手段とを備え、

　クライアント端末は、

(5)　警報を出力する手段と、

(6)　ディスプレイに分析データを表示する手段

とを備える遠隔ケーブル分析システム。

第7章　競合他社に効くAI/IoT特許請求項の書き方

(5)及び(6)のクライアント端末部分の記載が問題となる。技術的には適切に記載されているが、権利行使ができないクレームとなっている。

クライアント端末は顧客の所有物であり、(5)及び(6)のクライアント端末を製造・販売していない被告に対する特許権侵害は成立しないこととなる。

クライアントの端末を構成要件に含めずに、競合他社を狙い撃ちしたクレームの作成が必要となる。例えば、競合他社のサーバに特化したクレームを作成するとすれば、以下のように記載することができる。

【請求項】
　ケーブルの長さを計測するセンサから計測データを受信する手段と、
　受信した計測データを分析する手段と、
　データ分析により異常を検出した場合、警報をクライアント端末に出力する手段と、
　警報に関連付けて、クライアント端末のディスプレイに分析結果を表示させるための分析データを出力する手段と
　を備えるサーバ。

クライアント端末は構成要件に含めずに、競合他社であるサーバを主体として記載すれば、実質的に同様のIoTサービスを権利行使可能な形で権利化できるのである。

185

また、分析データの表示の仕方に特徴を持たせれば、プログラム
クレームとして記載することもできる。例えば、多数存在するセン
サの内、異常が生じたセンサの位置情報と共に分析データを表示す
るプログラムなどが考えられる。例えば、以下のようにクライアン
ト側のプログラムを記載することができる。

【請求項】
　異常の検出に伴う警報を取得し、
　警報を出力し、
　警報に関連した分析データ、マップ及び異常を有するセンサのマ
ップ上の位置情報を取得し、
　ディスプレイに分析データ、マップ、及び、該マップ上のセンサ
の位置情報を表示する
　処理をコンピュータに実行させるプログラム。

　このようなプログラムを競合他社がクライアントに配信する行為
を侵害行為として差し止めることができる。

(2)　**物支配論の例外（日本）**
　上述したように、IoTサービスではクライアントの所有物をクレ
ームに含めないことが鉄則である。ただし、当該クライアントの所
有物が実質的に被告の支配下にある場合等、特段の事情がある場
合、特許権侵害が成立する。以下にメガネレンズ事件[33]を紹介す
る。

33　東京地裁平16（ワ）25576号

第7章　競合他社に効くAI/IoT特許請求項の書き方

　争点となった請求項は以下の通りである。なお、下線は筆者において付した。

【F】　眼鏡レンズの発注側に設置されたコンピュータと、この発注側コンピュータへ情報交換可能に接続された製造側コンピュータと、この発注側コンピュータへ接続された3次元的眼鏡枠測定装置とを有する眼鏡レンズの供給システムであって、

【G】　前記発注側コンピュータは、眼鏡レンズ情報、3次元的眼鏡枠形状情報を含む眼鏡枠情報、処方値、及びレイアウト情報を含めた枠入れ加工をする上で必要となる情報を入力し、発注に必要なデータを前記製造側コンピュータへ送信する処理を含む眼鏡レンズの発注機能を有し、

【H】　一方、前記製造側コンピュータは、前記発注側コンピュータからの送信に応じて演算処理を行い、眼鏡レンズの受注に必要な処理を行う機能を備え、

【I】　前記眼鏡枠情報は、前記3次元的眼鏡枠測定装置の測定子を前記眼鏡枠の形状に従って3次元的に移動し、所定の角度毎に前記測定子の移動量を検出して前記眼鏡枠の3次元の枠データ（Rn、θn、Zn）を採取して得たものであり、

【J】　前記発注側コンピュータは、前記3次元の枠データに基づいて前記眼鏡枠のレンズ枠の周長、眼鏡枠の傾きTILT、及びフレームPDを求め、これらを前記製造側コンピュータへ送信する

【K】　ことを特徴とする眼鏡レンズの供給システム。

187

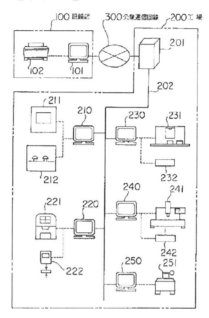

【図2】

　眼鏡店に設置される発注側コンピュータと、発注内容に従いメガネの発注処理を行う製造側コンピュータとにより構成されるシステムの請求項である。裁判所は複数主体の争点に関し以下の通り判示した。

「特許権侵害を理由に、だれに対して差止め及び損害賠償を求めることができるか、すなわち発明の実施行為（特許法2条3項）を行っている者はだれかは、構成要件の充足の問題とは異なり、当該システムを支配管理している者はだれかを判断して決定されるべきである。

第7章　競合他社に効くAI/IoT特許請求項の書き方

　以上を前提に検討すると、<u>被告が被告システムを支配管理していることは明らかであり、原告は、被告に対し、本件特許3に基づき、他の要件も満たす限り、被告システムの差止め及び損害賠償を求めることができる。</u>」

　本事件ではシステムの各要素を被告が支配管理していたことから特許権侵害が認められたのである。

(3)　米国におけるシステムの全体制御と利益の享受
　米国においては被告がシステムを全体的に制御しており、かつシステムの実施により利益を享受している場合、システムの一部が第三者の所有に係る場合でも、システム特許の侵害が成立する。

　以下に、システムの収集処理が被告により行われ、分析処理が訴外第三者により外国で行われたGEORGETOWN RAIL事件を解説する。

(i)　概　要
　本事件においてはシステムクレームの一部のデータ分析処理が国外の訴外第三者により実行されているところ、被告行為がシステムクレームの「使用」に該当するか否かが問題となった。

　CAFCは、被告がシステム全体を制御し、そのシステムから利益を享受していることから、システムの「使用」に該当し、米国特許法第271条(a)に基づく直接侵害に該当すると判断した。

189

(ⅱ) 背　景
(a) 特許の内容

　GEORGETOWN RAIL EQUIPMENT COMPANY（原告）は、米国特許第7,616,329（以下、329特許という）を所有している。

　329特許は、一般に、デジタル技術を用いて「鉄道線路を検査するためのシステムおよび方法」に関する。具体的には、スチールレールトラックを木製のつなぎに接続するスチールプレートであるタイプレートを検査するシステムを開示している。

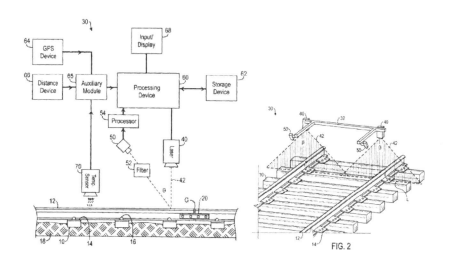

　タイプレートは、木製のタイに沈むか、または切断され、鉄道サービスを混乱させる可能性がある。329特許は、歴史的に特定のソフトウェアシステムにより手作業で行われたプロセスである、整列不良のタイプレートの検査を自動化することによって、従来技術を改善したものである。

第7章　競合他社に効くAI/IoT特許請求項の書き方

争点となったクレーム16の主要部分は以下の通りである。

16.　鉄道線路に沿って移動するために車両に搭載され（to be mounted on a vehicle for movement along the railroad track）、鉄道線路を含む鉄道線路台を検査するシステムにおいて、

　・・・光発生器と、

　・・・光受信器と、

複数の画像中、興味ある領域を含むフレームを分析し、・・・を決定し、・・・比較し、・・・比較に基づいてタイプレートがずれているか沈んでいるか否かを決定するプロセッサと

　を備える検査システム。

(b)　訴訟の経緯

　Holland（被告）はレール・ビジョン・システムズからトラックとクロストー（枕木）の計測技術を購入し、その技術をTrackStar車と呼ばれる自社のトラック検査車両に搭載している。

　トラックからのデータが収集され、データ処理のために、英国に本社を置くRail Vision Europe Ltd.などのサードパーティの企業に送信される。Rail Vision Europe Ltd.は、被告の顧客に配布するため、被告にデータ分析に係る完成報告書を送付する。

191

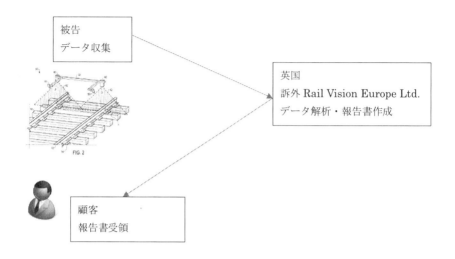

　原告は2013年に被告に対して侵害訴訟を提起した。訴えの結果2014年1月に予備的な差し止め命令が認められ、被告の販売は終了した。

　当事者は陪審裁判に進み、陪審は被告が329特許を故意に侵害したとして、損害賠償額1,541,333ドル（約1.7億円）を認めた。その後、地方裁判所は米国特許法第284条に規定する故意侵害に基づき、被告にさらに1,000,000ドル（約1.1億円）の損害賠償を認めた。

(ⅲ)　CAFCでの争点
　争点：プロセッサが外国に存在し、外国で処理されている場合にシステムの使用といえるか否か

(ⅳ)　CAFCの判断
　結論：物理的な場所は重要ではなくシステムを制御し、利益を享

第7章　競合他社に効くAI/IoT特許請求項の書き方

受していればシステムの使用に該当する

　被告は、侵害されたとされている技術を「利益を享受せず、制御しなかった」"did not benefit from or control" ため、侵害には該当しないと主張した。

　システムの特許が侵害といえるためには、当事者がシステム全体を制御し、そのシステムから利益を得なければならない。

　ここで重要なのは、「使用」は、システムの各個別要素を物理的または直接的に制御することを当事者に要求するものではない。

　被告は、システムプラットフォームによってフロントエンドでデータを選択して収集する。そして、被告は収集した情報をバックエンドの第三者企業に送信し、情報の処理と分析を指示する。

　本事件において、フロントエンドからバックエンドへのデータ伝送に関し、「ハードドライブを物理的に取り外して、これらを海外のRail Vision Europe Ltd.に出荷する」という事実は重要ではない。

　被告のフロントエンドの収集と処理リクエストの結果、サービスが行われており、これは、被告の当該システムの究極的な制御と、当該システムからの利益の派生があったことを示している。

　以上の理由によりCAFCは、プロセッサによる処理が外国にて訴外第三者により行われている場合でも、被告がシステム全体を制御しており、かつ、システムの制御により利益を享受しているから、329特許の侵害に該当すると判断した。

193

日本及び米国のIoTに関する係争事例を挙げたが、システムクレームは上記判示の通り第三者が関与した場合、侵害か否かを巡る争いとなりやすい。このような判例をも把握しつつできるだけ、競合他社のみの製品、サービスのみを狙い撃ちしたクレームの作成を心掛けるべきである。

3．方法クレーム作成上の注意点

上述した通り、方法クレームは単一当事者が実施する行為を記載しなければならない。複数の当事者が方法クレームを実施している場合に、特許権侵害が成立するか否かが争われた米国最高裁Akamai事件[34]を紹介する。とりわけIoT関連発明では、複数の当事者が関与するため、クレーム作成時は注意が必要である。

⑴　Akamai事件

Akamaiはコンテンツ配信サービスと称するU.S. Patent No. 6,108,703等を所有している。争点となったクレーム19は以下のとおりである。

19．コンテンツ配信サービスであり以下を含む：

コンテンツプロバイダのドメイン以外のドメインにより管理されるコンテンツサーバの広域ネットワークにわたって一組のページオブジェクトを複製し、：

コンテンツプロバイダドメインから通常提供される所定のページのために、ページオブジェクトの要求が、コンテンツプロバイダド

34　*Limelight Networks, Inc. v. Akamai Techs., Inc.*, 134 S. Ct. 2111, 2119, 2120 (2014)

第7章　競合他社に効くAI/IoT特許請求項の書き方

メインの代わりに、前記ドメインに転換するよう、前記ページの埋め込みオブジェクトをタグ付けし、：

　コンテンツプロバイダドメインにて受信した前記所定のページへの要求に応答して、前記コンテンツプロバイダドメインから、前記所定のページを提供し、：

　前記コンテンツプロバイダドメインからとする代わりに、前記ドメインにおける所定のコンテンツサーバから前記所定のページの少なくとも一つの埋め込みオブジェクトを提供する。

　2006年6月23日Akamaiは競合関係にあるLimelightが特許権を侵害するとして、マサチューセッツ州連邦地方裁判所に提訴した。下線を付したタグ付け処理は、顧客であるコンテンツプロバイダが実行していることから、Limelightがクレームの全てのステップを実施していないことについては当事者間で争いはない。すなわち、下記図に示すように、Limelightはクレームの下線部以外のステップを全て実施しており、残りの一つのステップだけを訴外第三者であるコンテンツプロバイダが実施している。

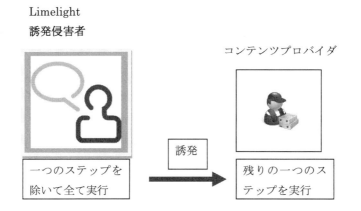

このような場合に特許権侵害が成立するか否かが問題となった。

原告は間接侵害を主張したが、米国では直接侵害が存在しなければ間接侵害は成立しない（従属節）ため、最高裁は間接侵害の主張を認めなかった。

原告は直接侵害の主張に切り替えたが、直接侵害が成立するためには、原則として一被告が「方法」を使用していることが必要となる。ただし、被告が顧客に方法の使用に関し「指示または管理」している場合、直接侵害の責任を負う。

裁判所は最終的に、被告が顧客の残りの方法ステップの実行を指示または管理しており、クレームされた方法の全ステップは、被告により、または、被告に起因して実行されたことから、被告は直接侵害の責任を負うと判断した。

(2) IoTサービスをカバーする方法クレーム

複数の当事者が関連するIoTサービスであっても、方法の請求項を作成する場合、単一当事者（競合他社）の行為だけにしぼって記載することが必要であり、顧客、ユーザの行為が方法クレームの構成要件の一部に入らないよう注意する。もちろん例外的に被告がユーザの行為を支配・管理している場合は侵害が認められるが、例外に頼ることなく適切なクレームを記載することが望まれる。

クレームの記載を工夫すれば単一当事者（被告）の行為のみを記載できるはずである。例えば、Akamai事件では顧客の行為として「前記ページの埋め込みオブジェクトをタグ付けし、」とユーザの行為として記載したことが問題となった。この構成要件について

196

第7章　競合他社に効くAI/IoT特許請求項の書き方

は、サーバ側から見た処理内容を記載するようにすればよいのである。例えば、

　「顧客端末にてタグ付けされた前記ページの埋め込みオブジェクトを受信し」

　このように、見方を変えて被告側の処理として記載すれば全ての構成要件が被告によって実施されていることを立証することができる。

第8章

IoTと
ブロックチェーン技術

第8章　IoTとブロックチェーン技術

　ビットコインを始めとする仮想通貨にはブロックチェーン技術が
用いられている。このブロックチェーン技術とIoT機器とを組み合
わせた新たなビジネスモデルが生まれ始めている。イーサリアム等
の仮想通貨ではスマートコントラクトをブロックチェーン上にデプ
ロイすることが可能であり、自動車、ロボット、ドローン等のIoT
機器のシェアリング、決済を行うことができる。本章ではブロック
チェーンの仕組みについて概説するとともにIoT機器をスマートコ
ントラクトと共にブロックチェーン上に展開する際、どのようにし
て特許をおさえていくかを解説する。

1. ブロックチェーン技術

⑴　分散型モデル
　ブロックチェーン技術は、2008年ナカモト サトシ氏の論文に発
表されたビットコインを取り扱うための基盤技術であり、分散型台
帳技術に関するものである。ブロックチェーン技術はインターネッ
ト技術に次ぐブレークスルーといわれている。

　ブロックチェーンは、検証されたブロックの連なりであり、1番
目のGenisisブロックを起点としており、各ブロックは1つ前のブ
ロックにつながっている。

201

　上記図[35]では右端のブロックがGENESISブロックであり、各ブロックがチェーンのように連結している。ブロックは後述するように約10分でproof of workと呼ばれるマイナー間の認証が行われ、ブロックが連結される。上記図では505105ブロックが連結されている。後段のブロックは前段のブロックのハッシュ値に基づき生成されており、ブロック長が長くなればなるほど、改竄が困難となる仕組みである。

35　ChainFlyerHPより2018年1月20日　https://chainflyer.bitflyer.jp/

第8章　IoTとブロックチェーン技術

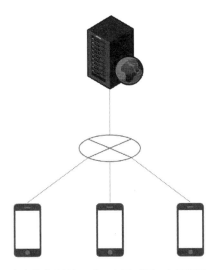

中央集権型サーバ・クライアントモデル

　一般に金融処理において利用されているのは上図に示す中央集権型のサーバ・クライアントモデルである。入金、送金及び残高管理等の処理は全て中央のサーバが行う。そのため、サーバはハッキングの対象となりやすく、またシステムの運営上、ダウンすることも許されない。そのため、システム構築にはハードウェア及びメンテナンスをも含め莫大な費用を要する。

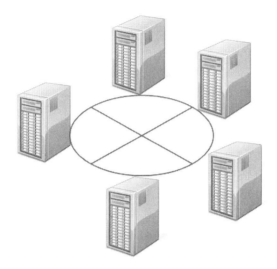

ブロックチェーンによる分散モデル

　中央集権型のサーバ・クライアントモデルとは異なり、分散モデルでは、各ノードが分散配置され、それぞれのノードが相互に台帳内容を検証し、改竄できないように記憶し続けるのである。そのため、一つのノードがダウンあるいはハッキングされたとしても他のノード群により引き続き処理を継続することができる。事実2009年1月以降に実装されたブロックチェーン上で動作するビットコインは現在に至るまで一度もダウンしたことがない。

　また、中央集権型と比較し、ハイスペックなマシンは不要であるため、低額でシステムを構築することができる。さらに、分散して過去のデータを記憶するため、ブロックチェーンが長くなればなるほど改竄が困難となる特性を有するのである。

⑵　トランザクション

　A氏がB氏に印刷された写真を渡せばそこで有体物である写真の譲渡は完了する。ところが写真のデジタルデータをA氏がB氏に渡したとしても、A氏のPCには、依然として写真のデジタルデータは残っているかもしれない。デジタルデータの場合、譲渡が確実に行われたことを保証することは難しいのである。

　デジタルデータである仮想通貨も同様である。A氏がB氏に1ビットコイン譲渡するとしてもA氏の財布から1ビットコインが消去されているかは保証できない。そのためブロックチェーン上で動作するビットコインでは、下記に示すように「A氏からB氏へＸＸビットコイン送金」とするトランザクションデータ、すなわち取引記録データを、分散ネットワークへ送信し、記憶し続けることとしている。ウォレットには残高が表示されるが、これは過去のトランザクションをかき集めて残高を計算しているに過ぎない。

ＡからＢへのトランザクションデータ

　具体的には、A氏は秘密鍵により暗号署名した上でトランザクションデータを分散ネットワークへ送信する。分散ネットワーク上には、トランザクションデータが複数蓄積され始める。後述するマイニングにより、マイナー（採掘者）が新たなブロックの解を発見した場合、新たなブロックに、複数のトランザクションデータが書き込まれる。この新たなブロックは各分散ネットワークへ送信される。

(3) ブロックチェーンの適用分野

(i) 仮想通貨分野での利用

現在約750種類以上もの仮想通貨が普及している。代表的なものとしてビットコイン、Ripple、ライトコイン等があり、いずれもブロックチェーン技術を利用している。

本書では最も普及しているビットコインを中心に説明する。ビットコインはbitFlyer等のオンライン両替サイトにてビットコインに両替することができる。執筆段階では1ビットコインが約75万円である。

(ii) スマートコントラクトでの利用

契約書、著作物、選挙データ、不動産データ、その他各種取引情報をブロックチェーン上で管理することができる。ビットコインでは、書き込める取引情報のデータサイズを意図的に小さくしているため、契約書、画像データなどのデータサイズの大きい取引情報は分散ネットワークに流すことができない。

トランザクションデータのサイズを大きくすれば、契約書等の各種データを暗号化してブロックチェーン上に格納することが可能となる。

各種取引情報を、ブロックチェーン技術を用いて運用する実証実験が盛んにおこなわれており、数年後にはブロックチェーンを用いたシステム構築が一般的になるものと思われる。イーサリアムがスマートコントラクトをブロックチェーン上にデプロイする仮想通貨として有名である。

2．ビットコイン

ビットコイン及びブロックチェーン技術の詳細は技術専門書[36]に委ねるが、後述する特許との関係で基本的な事項について解説する。

(1) ブロックチェーン構築処理の流れ

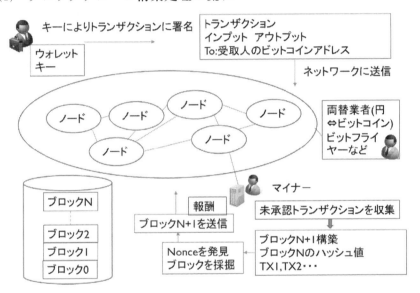

（ⅰ）最初にユーザはビットフライヤー等の業者からビットコインを購入する。

---

36 技術の詳細については「Mastering Bitcoin Andreas M. Antonopoulos著　NTT出版が詳しい」

購入(ask) JPY	売却(bid) JPY
287,122	**278,438**

数量(BTC)	2.5
円参考総額	706,821

+1	+0.1	+0.01	C

コインを買う	コインを売る

売買種別	BTC	価格	時刻

　上図は筆者のスマホアプリに表示されるビットコイン購入画面である。2.5ビットコイン購入する場合、70万円ほど必要である。当初筆者がビットコインを購入したころは1ビットコインが10万円程度であったのであるが近年は価格が上昇傾向にある。

　(ii)　ユーザはビットコインを用いて商品、サービスを購入する場合、店舗、Webサイトに表示されている2次元バーコードを用いて、ビットコインアドレスを取得し、支払うビットコイン数を入力する。

　(iii)　支払い時にはトランザクションデータが生成される。トランザクションデータはユーザのウォレットキーにより署名される。トランザクションデータはインプット額、アウトプット額及び支払先のビットコインアドレスにより構成される。トランザクションデータは分散ネットワークである各ノードに送信される。

　(iv)　各ユーザのトランザクションデータ（TX1, TX2,・・・）は

10分ほど蓄積されるが、この段階ではまだ未承認の段階である。ブロックはgenesisブロック（ブロック０）から順次連結され現在のブロックNまで連結され、いまブロックN＋1が連結されようとしている。各ブロックは前のブロックのハッシュ値を記憶している。ブロックN＋1はブロックNのハッシュ値を記憶している。

　ハッシュ値は下記図に示すようにハッシュ関数により得られる値をいう。ハッシュ関数に入力値（15768）を代入すれば、常に同じハッシュ値（765201）を得ることができる。その一方でハッシュ値（765201）から元の入力（15768）を得ることができないものである。

　そのため、前ブロックの内容が改ざんされれば、ハッシュ値も異なることとなる。ハッシュ値から前ブロックの値を導出することもできない。そのためブロックが長くなればなるほど改竄は困難となる。

　(ⅴ)　ビットコインの採掘を行う各マイナーは、競って解であるNonceを求める処理（Proof of Work）をコンピュータに演算させる。Nonceを求めたマイナーは、約10分蓄積されたトランザクション及びNonceを含むブロックN＋1をノードに流す。

　(ⅵ)　各マイナーはブロックN＋1が送信された時点で、競争に負けたことを知り、ブロックN＋1の正当性を検証する。トランザク

ションの構文が適切か否か、インプットが空でないか、Nonceが正しいか等の検証を行い、正当であればブロックN＋1がブロックNに連結される。マイナーはまた次のブロックN＋2の構築を目指して計算を行う。

(2)　トランザクション

具体例としてA氏が両替業者から1ビットコイン（BTC）を購入し、A氏がB氏から0.15BTCで書籍を購入する例を挙げてトランザクションの流れを説明する。

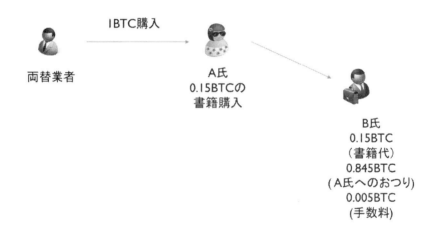

A氏は両替業者から現金と引き換えに1BTCを購入する。この場合、送信元インプットは1.005BTCである。なお、0.005BTCはトランザクションごとにマイナーに支払われる手数料である。

ここでのインプットは、以前のトランザクションIDと1.005BTCであり、アウトプットは、A氏のアドレスと1.0BCT、手数料

第8章　IoTとブロックチェーン技術

0.005BTCにより構成される。

```
トランザクション　ID TX001
　　送信元インプット　　　　　　　　　　送信先インプット
From 両替業者　　　　1.005BTC　　　アウトプット　A 氏のアドレス　1.0BTC
　　　　　　　　　　　　　　　　　　　トランザクション手数料　　0.005BTC
```

　続いて、A氏からB氏への0.15BTCの書籍購入処理について説明
する。送信元のインプットは前回のトランザクションID TX001
と、TX001で利用されたA氏の1.0BTC、送信先のアウトプット1
は、書籍代であるB氏のアドレスと書籍代0.15BTC、A氏のアドレ
スと手数料を除いたおつり0.845BTCとなる。トランザクション手
数料は上述した通り0.005BTCである。

```
トランザクション　ID TX002
　　送信元インプット　　　　　　　　　　送信先インプット
TX001
A 氏　　　　　　　　　1.0BTC　　　アウトプット 1 B 氏のアドレス　0.15BTC
　　　　　　　　　　　　　　　　　　アウトプット 2 A 氏のアドレス　0.845BTC
　　　　　　　　　　　　　　　　　　　トランザクション手数料　　0.005BTC
```

3．IoT機器とブロックチェーン

　イーサリアム等の仮想通貨を用いて、IoT機器とのスマートコン
トラクトをブロックチェーン上で実装するアイデアが数多く提案さ
れている。飲料を販売する自動販売機での商品購入も一種の契約で
ある。ユーザが自動販売機に金銭を投入し、ボタンを押した場合、
自動販売機は契約を履行すべくペットボトルを排出する。ユーザが
スマホを用いてIoT機器であるレンタカーを、仮想通貨の支払いを

211

条件に一定期間レンタルするアイデアを特許化する方法を解説する。

(1) 仮想事例

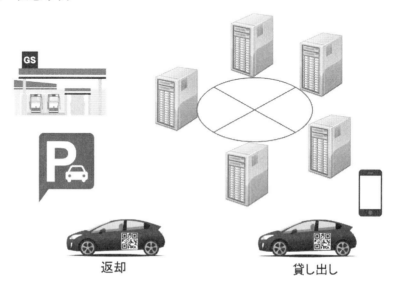

(1) スマホでレンタカーのQRコード（ウォレットアドレス）読み取り
(2) スマホから、レンタカー宛へデポジットとして5コイン、数日間レンタルするコントラクトをトランザクションとしてブロックチェーンへ送信
(3) レンタカーデバイスが着金によりコントラクト実行
(4) ウォレットアドレスをキーにレンタカーはスマホと接続し、運転開始
(5) 返却時はレンタカーが、デポジット5コインから走行距離・時間に応じたコインを減じたコインをスマホ宛とするトランザクションをブロックチェーンに流す。

第8章　IoTとブロックチェーン技術

　スマホを用いて、レンタカーに貼り付けられた2次元バーコードを用いて仮想通貨により、レンタカーを借りるアイデアである。

ステップ(1)
　最初に、ユーザのスマホによりレンタカーのQRコードを読み取る。このQRコードはレンタカーのウォレットアドレスである。

ステップ(2)
　スマホから、レンタカー宛へデポジットとして5コイン、数日間レンタルするコントラクトをトランザクションとしてブロックチェーンへ送信する。すなわち、スマホのウォレットアドレスを送信元、レンタカーのウォレットアドレスを送信先とし、5コインの仮想通貨を含むトランザクションをブロックチェーン上にブロードキャストする。トランザクションには、5コインでレンタカーを貸与する契約が記載されている。なお、5コイン分の日数または走行距離を超えた場合、スマホに通知がなされ、その後、当該レンタカーの動作が不能となる契約が記載されている。実際に5コイン分の日数または走行距離を超えた場合、契約（プログラム）が履行され、レンタカーの運転ができなくなる。

ステップ(3)
　レンタカーデバイスがブロックチェーン上にブロードキャストされた5コインを、自身のウォレットアドレスに基づき、取得する。この5コインの着金により、レンタカーを貸与するというコントラクトが実行される。

ステップ(4)

スマホのウォレットアドレスをキーに、レンタカーはスマホと接続し、運転を開始する。トランザクションには、契約の相手方であるユーザのウォレットアドレスが記載されているため、スマホアプリから出力されるユーザのウォレットアドレスと、トランザクション内のウォレットアドレスとが一致すれば、レンタカーはロックを解除し、走行を開始する。

ステップ(5)

返却時はレンタカーが、デポジット５コインから走行距離・時間に応じたコインを減じたコインをスマホ宛とするトランザクションをブロックチェーンに流す。例えば３日間レンタルした場合、２コインをユーザに返却する。この場合、レンタカーを送信元、スマホを送信先とし、２コインを含むトランザクションをブロックチェーンにブロードキャストする。

これにより、一連のコントラクトが終了する。

発明者から、このIoT×ブロックチェーンサービスを特許化したいと相談された。発明者は、将来的には自動運転でもよく、また自動車もレンタカー会社所有のものだけでなく、UBERのように個人の使用していない自動車でもよいと発言している。

(2) IoT×ブロックチェーンアイデアのクレームの仕方
(i) 装置、システム、方法クレーム

このような場合、どのような請求項が有効であろうか。ブロックチェーン技術は中央集権的なサーバが存在しないため、一般的に競

第8章 IoTとブロックチェーン技術

合他社がプログラムを実装するサーバをクレームすることはできない。

　ブロックチェーン上に形成されるノードコンピュータは、マイナー等の競合他社とは無関係な人物、企業のコンピュータであり、ノードコンピュータをクレームしても、権利行使は困難である。ユーザのスマホは、ユーザの所有物であり、競合他社が製造及び販売することはない。従ってユーザのスマホ（クライアント側装置）をクレームしても同様に権利行使することができない。

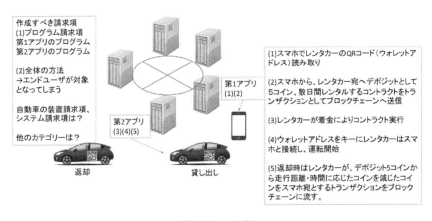

【図8－1】

　IoT機器であるレンタカーをクレームすることは一考に値する。競合他社がレンタカー事業として上述した処理（ステップ(3)～(5)）を実行するレンタカーを販売した場合、特許権侵害が成立する。しかしながら、UBERのようにユーザが、自身が所有する自動車を使用していない間レンタカーとして貸与する場合、ユーザが上述した処理（ステップ(3)～(5)）を実行するプログラムを自動車にダウンロ

ードして、当該ダウンロード済みの自動車をレンタカーに仕立て上げる行為は、レンタカーの製造方法といえるかもしれない。しかしながら、多数存在する一般ユーザを被告として提訴するのは現実的ではない。

　以上の理由により、装置クレーム、さらに各装置クレームを組み合わせた（ノードコンピュータ、レンタカー、スマホ）システムクレームはほとんど役に立たない可能性が高い。

　方法クレームはどうであろうか。本方法を使用するのは一般ユーザであり、また一連の処理は中央管理者を介さず、レンタカーとユーザとが非中央集権的なブロックチェーン上で実行するだけであり、方法クレームによる権利行使も困難となる恐れがある。

(ii)　プログラムクレーム
　本アイデアでは、やはりスマホ上で実行される第1アプリ（プログラム）クレーム、及び、IoT機器であるレンタカー上で実行される第2アプリ（プログラム）クレームを作成するのが最も有効である。

　第1アプリは図8－1のように、ステップ(1)及びステップ(2)の処理を実行する。本サービスを開始する競合他社は、アップル社のApp Store、または、Google社のPlay Store等を通じて第1アプリをユーザに配信するはずである。このような配信行為を権利侵害として主張することができる。

　また、第2アプリは、上図のようにステップ(3)〜(5)の処理を実行

第8章　IoTとブロックチェーン技術

する。IoT機器である自動車のECUのメモリにも第2アプリが配信されるはずである。同様に第2プリクレームも威力を発揮する。

(iii)　データ構造クレーム

　ブロックチェーン上を流れるトランザクションをデータ構造としてクレームすることも考えられる。トランザクションの内容が新しければ、新規性および進歩性を有し特許が認められる可能性がある。また、当該データ構造を使用するレンタカーサービスを特許権侵害に該当すると主張することも考えられる。

　データ構造クレームは、データ構造に加えてプログラム処理を記載することが必要である。例えば、以下のように記載することができる。

【データ構造クレーム例】

　レンタカーに割り当てられたウォレットアドレスの宛先と、借主の端末のウォレットアドレスと、デポジットコイン数と、レンタカーのレンタルに関するコントラクトとを含むデータ構造であり、

　該データ構造はブロックチェーンに記録され、

　前記コントラクトの実行により返却時の走行距離・時間に応じたコイン数と前記デポジットコイン数との差を算出する処理に用いられるデータ構造。

(iv)　システムの製造方法

　競合他社がこのレンタカーシステムをブロックチェーン、スマホ、及びIoT機器（レンタカー）上に展開する行為をおさえる方法として、システムの製造方法が考えられる。そもそも、本システム

217

は、競合他社が、スマホに第1アプリを配信し、IoT機器に第2アプリを配信することが契機となって侵害が発生したものである。つまり、第1アプリ及び第2アプリの配信行為を通じて、第1アプリがスマホにインストールされ、第2アプリがIoT機器にインストールされることによって、本レンタカーシステムが完成（製造）されるのである。この配信行為をシステムの製造方法としてクレームするのである。

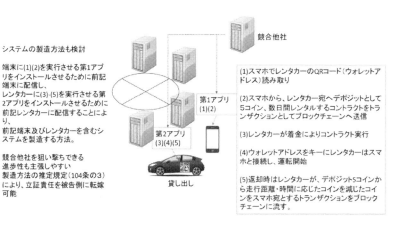

システムの製造方法のクレーム概要は以下の通りである。

【請求項】
　端末に、レンタカーのQRコードを読み取り（ステップ(1)）、端末からレンタカー宛へデポジットとして所定コイン、数日間レンタルするコントラクトをトランザクションとしてブロックチェーンへ送信する（ステップ(2)）処理を実行させる第1アプリをインストールさせるために前記端末に配信し、
　レンタカーに、ブロックチェーンを通じた所定コインの着金によ

第8章　IoTとブロックチェーン技術

りコントラクトを実行し（ステップ(3)）、前記第1アプリをインストールした端末のウォレットアドレスをキーに端末と接続して運転を許可し（ステップ(4)）、返却時にデポジットの所定コインから走行距離・時間に応じたコインを減じたコインをスマホ宛とするトランザクションをブロックチェーンに流す（ステップ(5)）処理を実行させる第2アプリをインストールさせるために前記レンタカーに配信することにより、

　前記端末及びレンタカーを含むシステムを製造する方法。

　これにより、ブロックチェーンを用いたIoTサービスを導入した競合他社を狙い撃ちすることができる。また第1アプリのプログラムクレーム、及び、第2アプリのプログラムクレームも作成すべきと述べたが、これらのプログラムクレームは進歩性の主張が困難な場合がある。

　例えば、第1アプリはステップ(1)及び(2)の2つで先行技術との相違点を主張する必要があるところ、システムの製造方法クレームではステップ(1)〜(5)の5つで先行技術との相違点を主張することができるため進歩性が認められやすいというメリットがある。

　さらに、製造方法の推定規定（104条[37]）により、立証責任を被告側に転嫁することも可能である。例えばある飲料の製造方法について、特許権侵害を主張する場合、原告は被告の飲料（イ号製品）を見ただけでは当該飲料の製造方法（イ号方法）まで特定することが

37　第百四条　物を生産する方法の発明について特許がされている場合において、その物が特許出願前に日本国内において公然知られた物でないときは、その物と同一の物は、その方法により生産したものと推定する。

219

できない。この場合、原告の立証負担を軽減すべく、特許法第104条の規定に基づき、被告からイ号方法が特許に係る製造方法以外の方法で製造したことを立証しない限り、当該飲料は特許方法により製造されたものと推定される。

　本レンタカーシステムの製造方法についても、被告側が異なる方法により被告システムを製造したことを立証する必要が生じる。上記クレーム例は一例であるが、ブロックチェーンをベースとする特許は今までの書き方では通用しないことも多いため、具体的事案に応じて、様々な角度からクレーム作成を行うことが必要である。

第9章

AI/IoT特許提案書を
技術者から引き出すコツ

第9章　AI/IoT特許提案書を技術者から引き出すコツ

　本章では、まとめとしてAI/IoT特許を社内で発掘・活性化するためのポイント3つを解説する。

1．AIビジネスモデルを競合より早く押さえる

　ディープラーニング等の新たなAI技術を用いたAIソリューションは適用分野が新しければ特許として成立する。現段階では公開されている特許がそれほど多くないため、広い範囲で特許が認められる可能性がある。

　逆に競合他社に権利取得されないよう、自社の事業領域だけはなるべく早くアイデアを創出し、AIビジネスモデルとして特許出願することが大事である。そうしなければ数年後のビジネスに支障が出てくることになる。

　もう一つ注意すべきはGoogle, MS, Amazon, Apple等の米国IT企業である。PCのOS、スマホのOSは完全に米国IT企業に掌握された。物流はAmazonが制覇しつつある。そして今自動車のOS・自動運転技術もGoogle、Appleがおさえにかかっている。OSに加えてAIプラットフォームもGoogle,MSが覇権争いをしている。これら米国IT企業がAI分野において自社のビジネス領域に参入してくることも十分想定される。AI/IoT分野において今後は米国IT企業も競合としてとらえるべきであろう。

2．実装段階での周辺特許を押さえる

　特許はスピードが命である。まずは、IoT、AIを用いた基本コン

223

セプトを出願することが大事である。このセンサを用いれば情報収集でき、おそらくディープラーニングを用いれば分類できる、この程度で十分なのである。ある程度実施可能な構成が確立しているのであれば、速やかに特許出願することが重要である。

そしてその後、実装が進めば、簡単に機械学習が成功しないことがわかり、色々な工夫が必要となる。この工夫を後日周辺特許として押さえれば良いのである。基本となるAIアイデアを出願し、後日実装レベルのAI技術を出願する。こうすれば基本特許に加えて周辺特許をカバーすることができ、競合他社の参入を防ぐことができる。

3．開発者への啓蒙活動

特にディープラーニング等のAI分野は開発者、及び、特許担当者共に不慣れなこともあり、せっかくの発明が埋もれてしまっている可能性がある。これが米国、中国に後れを取っている理由である。開発者への教育・啓蒙活動が重要である。

ITが本業でない企業の開発者からはこんな声が聞こえる。「これが発明になるの？・・」、「IoTのサービスは当社のビジネスの範囲外です。・・」、「AIは自分の業務と関係がない。・・・」。AI、IoTの提案書を書く発想がない。このような開発者に啓蒙活動を行い、AI技術について発明が生まれてくるようにしなければならない。

その一方で、AIセミナーに積極的に参加して勉強している技術

224

者から積極的な提案がある。「すでに、○○のアイデアを考えている。」、「AIアイデアについて特許が取れるのか聞いてほしい」、「これならAI特許がとれそう、早く出願したい」等である。

　社内で知財部門から開発・事業部門へAI,IoT特許に関する教育を行い、発明が知財部門へ届くような仕組みを作る必要がある。例えば社内セミナー・勉強会を通じて、わかりやすいAI特許、競合のAI/IoT特許の紹介を行い、AI/IoT特許に関する正しい知識をつけてもらう。

　そして発明発掘会ではAI・IoT専門の弁理士に早い段階で参画してもらい、AIアイデアの掘り起こしを行う。このような活動を行うことで、読者の皆さんの開発者から数多くのアイデアが出てくるであろう。

おわりに

　「Googleの猫」が報道されたのが2012年中ごろである。約1000万枚の画像をコンピュータに見せ猫と認識させたのである。その後もディープラーニングを含むAI技術は進化し、アルファ碁、アルファゼロがプロ棋士を完全に打ち負かすまで至ったのである。現在もGoogleはコンピュータにYouTubeを見させて学習させ、コンピュータ同士を自己対局させている。

　コンピュータが自律的に学習するディープラーニング技術を初めて知ったとき、大きな衝撃を受けた。技術のすごさに驚いたとともに、今までの特許の書き方が全く通用しなくなると感じ、すぐに対応策を考えなければと焦りを感じた。まずAI分野で先行するGoogle等のAI特許を収集するとともに、大型書店・AmazonでAIに関する書籍を買い込み読み漁った。

　Google DeepMind社は現在も次々に新たなAIに関する論文を発表しておりIoTデバイスの増加に伴うAIの進化は止まらないであろう。AI技術は非常に高度であり理解するのは困難である。

　しかしながら、本書で紹介したように、完成されたAI技術をモジュールとして積極的に自社の得意領域で活用し、新たなビジネス・サービスに利用することは発想次第である。この発想はAI技術の専門家でなくとも行うことができ、特許として権利取得することも可能なのである。

　読者の皆様から次々とAIアイデアが創出されることを期待する。

2018年4月永田町のオフィスにて

索 引

記号

ε-greedy法 ……………………………………40

A~Z

AI ………………………………………… 3

AIアルゴリズム発明 ……………… 139

AI出力発明 …………………… 139, 140

AIソリューション ………………… 223

AIビジネスモデル ………………… 223

AI利用発明 …………………… 139

Akamai事件 ………………… 194

Alpha Go ………………………… 3

Amazon …………………………… 79, 85

API ……………………………………22

Caffe …………………………………10

CEC …………………………………26

Chainer …………………………………10

CPU ……………………………… 6

DeepMind社 ………………………… 3

Deep Q-Learning …………………42

DQN …………………………………42

D-WAVE ……………………… 6

FinTech ………………………………92

freee …………………………………64

GE ……………………………… 143

GENESISブロック ………………… 202

228

Google	111
Google DeepMind社	4
GPU	6
GUI特許	176
IoT	3, 143
IoT関連技術の審査基準	53
IoT機器	211
IoTサービス	166
LSTN	25
NVIDIA	6
Python	10
Q学習	35
Rectified Linear Unit function	20
ReLu関数	4, 20
RNN	24
Stuxnet	147
TensorFlow	6
Torch	10
TPU	6

あ

アウトプット	175
新たなカテゴリーの請求項	176
アルファ碁	4

い

イーサリアム	201, 211
イグス	143, 153
インダストリアル4.0	153

インプット……………………………………………………… 175

え

エヌビディア……………………………………………………… 6

エンドユーザ…………………………………………………… 174

か

学習済みモデル……………………………………… 54, 178

学習モデル…………………………………………… 21, 152

学習モデルクレーム…………………………………… 182

間接侵害………………………………………………… 196

き

強化学習………………………………………………… 30

教師データ……………………………………………… 21

く

クラウドサーバ………………………………………… 157

け

啓蒙活動………………………………………………… 224

こ

更新サービス…………………………………………… 161

更新方法………………………………………………… 182

構造を有するデータ…………………………………… 54

行動価値関数………………………………………… 32, 35

行動バイオメトリクス………………………………… 96

勾配喪失問題…………………………………………… 26

誤差逆伝播…………………………………………… 18, 20

誤差逆伝播法…………………………………………… 4

さ

再帰的ニューラルネットワーク……………………… 24

230

し

シグモナイド関数···································20

システムの製造方法·····················217

実装段階·································223

従属節···································196

出願すべきIoT··························162

出願優先度の低いIoT····················162

侵害責任法·····························176

新規性·································167

審査基準·······························53

深層強化学習····························42

進歩性·································167

す

推測段階·································181

スタンクスネット························147

スマートコントラクト············201, 206, 211

せ

生成段階·································181

製造方法·································182

製造方法の推定規定·····················219

全体制御と利益の享受····················189

そ

ソフトマックス関数······················21

た

畳み込み層·······························28

畳み込みニューラルネットワーク·······4, 27, 129

多腕バンディット問題·····················39

単なる情報の提示……………………………………………54

ち

中央集権型……………………………………………… 203

中国侵害責任法………………………………………… 176

直接侵害………………………………………………… 196

て

ディープラーニング…………………………………… 4, 16

データ構造……………………………… 54, 177, 217

デミス・ハサビス……………………………………… 4

伝達関数…………………………………………………20

と

トランザクション……………………………… 205, 210

に

ニューラルネットワーク……………………… 16, 18

ニューロン………………………………………………18

は

バイアス…………………………………………………19

配信方法………………………………………………… 182

ハッキング……………………………………………… 147

ハッシュ関数…………………………………………… 209

パラメータ……………………………………… 19, 140

ひ

ビジネスモデル…………………… 143, 160, 166, 201

ビッグデータ…………………………………………… 3

ビットコイン…………………………………………… 207

ふ

ファナック………………………………………………71

232

フィルタ······································28
プーリング層······························ 28, 29
プリファード・ネットワークス················10
プログラム······························· 177
ブロックチェーン···················· 201, 211
分散型台帳技術························· 201

ほ

報酬······························· 32, 33

ま

マイクロソフト························· 135
マイナー····························· 209
マネーフォワード·······················65

み

見える請求項························· 175

め

メガネレンズ事件····················· 186

も

物支配論····························· 186

り

リース····························· 144
リカレントニューラルネットワーク············24
立証責任····························· 219
量子コンピュータ······················· 6

る

ルールベース···························· 4

233

現代産業選書

AI/IoT特許入門
〜AI/IoT発明の発掘と権利化の勘所〜

平成30年（2018年）6月1日	初版第1刷発行	
平成30年（2018年）8月30日	第2刷発行	

定価：本体2,500円（税別）

河野　英仁　著

発　行：一般財団法人　経済産業調査会

〒104-0061　東京都中央区銀座2-8-9
電話：出版　03-3535-3052　販売　03-3535-4882

本書に関する情報などは当会Webサイトをご参照ください
http://www.chosakai.or.jp/

（取扱　官報販売所5114）

乱丁、落丁本はお取り替えいたします。
印刷・製本　大進印刷株式会社

本書の無断複写複製（コピー）は、特定の場合を
除き、著作者・出版社の権利侵害になります。

ISBN978-4-8065-3016-9 C2030　￥2500E　(129348)